Sapori dell'India

Il Ricettario Regionale

Anjali Patel

Sommario

Mahja Kalia 17
   ingredienti 17
   metodo 17
Rosachi al curry di gamberetti 19
   ingredienti 19
   metodo 20
Pesce ripieno di datteri e mandorle 21
   ingredienti 21
   metodo 21
Pesce tandoori 23
   ingredienti 23
   metodo 23
pesce con verdure 24
   ingredienti 24
   metodo 25
Tandoor Gulnar 27
   ingredienti 27
      Per la prima marinata: 27
      Per la seconda marinata: 27
Gamberetti con masala verde 28
   ingredienti 28
   metodo 29
cotoletta di pesce 30

- ingredienti 30
- metodo 31
- Parsi Pesce Sas 32
  - ingredienti 32
  - metodo 33
- Peshawari Machhi 34
  - ingredienti 34
  - metodo 34
- curry di granchio 36
  - ingredienti 36
  - metodo 37
- pesce alla senape 38
  - ingredienti 38
  - metodo 38
- Meno Vattichathu 39
  - ingredienti 39
  - metodo 40
- Doi Mach 41
  - ingredienti 41
  - Per il cetriolo: 41
  - metodo 42
- pesce fritto 43
  - ingredienti 43
  - metodo 43
- Produttore di cotolette 44
  - ingredienti 44
  - metodo 44

Pesce spada di Goa 46

    ingredienti 46

    metodo 47

Masala di pesce essiccato 48

    ingredienti 48

    metodo 48

Curry di gamberi di Madras 49

    ingredienti 49

    metodo 49

Pesce con fieno greco 50

    ingredienti 50

    metodo 51

Karimeen Porichathu 52

    ingredienti 52

    metodo 53

gamberoni 54

    ingredienti 54

    metodo 55

Pesce marinato 56

    ingredienti 56

    metodo 56

Curry con polpette di pesce 58

    ingredienti 58

    metodo 59

Curry di manzo con patate 60

    ingredienti 60

    metodo 61

Masala di agnello piccante 62
  ingredienti 62
  metodo 63
Rogan Josh 64
  ingredienti 64
  metodo 65
Costolette di maiale alla griglia 66
  ingredienti 66
  metodo 66
Manzo al latte di cocco 68
  Per 4 persone 68
  ingredienti 68
  metodo 69
kebab di maiale 70
  ingredienti 70
  metodo 70
Manzo Arrosto Al Peperoncino 71
  ingredienti 71
  metodo 72
Uova di manzo alla scozzese 73
  ingredienti 73
  metodo 73
Carne di manzo essiccata in stile Malabar 74
  ingredienti 74
  Per la miscela di spezie: 74
  metodo 75
Costolette di agnello Moghul 76

- ingredienti 76
- metodo 76
- Manzo con gombo 77
  - ingredienti 77
  - metodo 78
- Baffad di manzo 79
  - ingredienti 79
  - metodo 80
- Badami Gosht 81
  - ingredienti 81
  - metodo 82
- Arrosto di manzo indiano 83
  - ingredienti 83
  - metodo 84
- Cotolette di Khatta Pudin 85
  - ingredienti 85
  - metodo 86
- Bistecca di manzo indiana 87
  - ingredienti 87
  - metodo 87
- Agnello in salsa verde 88
  - ingredienti 88
  - metodo 89
- Agnello macinato semplice 90
  - ingredienti 90
  - metodo 90
- Sorpotel di maiale 91

- ingredienti 91
- metodo 92
- Agnello marinato 93
  - ingredienti 93
  - metodo 93
- Halem 94
  - ingredienti 94
  - metodo 95
- Cotolette di montone masala verde 96
  - ingredienti 96
  - metodo 97
- Fegato di agnello con fieno greco 98
  - ingredienti 98
  - metodo 99
- La carne di Saddam Hussein 100
  - ingredienti 100
  - Per la miscela di spezie: 100
  - metodo 101
- agnello methi 102
  - ingredienti 102
  - metodo 103
- Manzo davvero 104
  - ingredienti 104
  - Per la miscela di spezie: 104
  - metodo 105
- casseruola di agnello 106
  - ingredienti 106

metodo 106

Agnello al cardamomo 107

    ingredienti 107

    metodo 108

Khema 109

    ingredienti 109

    metodo 110

Patatine fritte piccanti di maiale 111

    ingredienti 111

    Per la miscela di spezie: 111

    metodo 112

Tandoori Raan 113

    ingredienti 113

    metodo 114

Agnello di Talaa 115

    ingredienti 115

    Per la miscela di spezie: 115

    metodo 116

lingua soffocata 117

    ingredienti 117

    metodo 118

Involtini di montone fritti 119

    ingredienti 119

    metodo 119

masala di fegato fritto 121

    ingredienti 121

    metodo 122

Lingua di manzo piccante 123
    ingredienti 123
    metodo 124
Pasanda di agnello 125
    ingredienti 125
    metodo 125
Curry di agnello e mele 126
    ingredienti 126
    metodo 127
Andhra, montone secco 128
    ingredienti 128
    metodo 129
Curry di manzo facile 130
    ingredienti 130
    metodo 130
Mio Dio, Korma 131
    ingredienti 131
    metodo 132
Cotolette Erachi 133
    ingredienti 133
    metodo 134
Tritato al forno 135
    ingredienti 135
    metodo 135
Kaleji a Pyaaza 136
    ingredienti 136
    metodo 137

Agnello con l'osso 138
   ingredienti 138
   metodo 139
Manzo Vindaloo 140
   ingredienti 140
   metodo 141
manzo al curry 142
   ingredienti 142
   metodo 143
Agnello Di Zucca 144
   ingredienti 144
   metodo 145
Gusztab 146
   ingredienti 146
   metodo 147
Pecora con verdure miste ed erbe aromatiche 148
   ingredienti 148
   metodo 149
agnello al limone 150
   ingredienti 150
   metodo 151
Pasanda di agnello alle mandorle 152
   ingredienti 152
   metodo 153
Gamberetti Bharta 154
   ingredienti 154
   metodo 155

Pesce e verdure piccanti 156
- ingredienti 156
- metodo 157

Cotoletta di sgombro 158
- ingredienti 158
- metodo 159

Granchio Tandoori 160
- ingredienti 160
- metodo 160

Pesce ripieno 161
- ingredienti 161
- metodo 162

Curry di cavolfiore e gamberetti 163
- ingredienti 163
- Per la miscela di spezie: 163
- metodo 164

Cozze fritte 165
- ingredienti 165
- metodo 166

Gamberetto fritto 167
- ingredienti 167
- metodo 168

Sgombro in salsa di pomodoro 169
- ingredienti 169
- metodo 170

Konju Ullaruathu 171
- ingredienti 171

metodo 172
Manga al curry Chemeen 173
    ingredienti 173
    metodo 174
Patatine fritte Machchi facili 175
    ingredienti 175
    metodo 175
Creatore di Kalia 176
    ingredienti 176
    metodo 177
Pesce fritto nell'uovo 178
    ingredienti 178
    metodo 178
Lau Chingri 179
    ingredienti 179
    metodo 180
pesce al pomodoro 181
    ingredienti 181
    metodo 182
Chingri Machher Kalia 183
    ingredienti 183
    metodo 183
Kebab di pesce tikka 184
    ingredienti 184
    metodo 184
Cotoletta Chingri Machher 185
    ingredienti 185

metodo 186
pesce bollito 187
   ingredienti 187
   metodo 187
Gamberetti con peperoni verdi 189
   ingredienti 189
   metodo 189
Creatore di Jhole 190
   ingredienti 190
   metodo 191
Creatore di Paturi 192
   ingredienti 192
   metodo 193
Chingri Machher Shorsher Jhole 194
   ingredienti 194
   metodo 195
Curry di gamberetti e patate 196
   ingredienti 196
   metodo 197
talpa di gamberetti 198
   ingredienti 198
   metodo 199
Pesce Koliwada 200
   ingredienti 200
   metodo 201
Involtini di pesce e patate 202
   ingredienti 202

metodo 203

Masala di gamberetti 204

    ingredienti 204

    metodo 205

pesce all'aglio 206

    ingredienti 206

    metodo 206

riso con patate 207

    ingredienti 207

    Per gli gnocchi: 207

    metodo 208

Pulao con verdure 209

    ingredienti 209

    metodo 210

Kashche Gosht ki Biryani 211

    ingredienti 211

    Per il cetriolo: 211

    metodo 212

Achari Gosht ki Biryani 214

    ingredienti 214

    metodo 215

Mahja Kalia

(Pesce con cocco, sesamo e arachidi)

Per 4 persone

ingredienti

100 g di cocco fresco, grattugiato

1 cucchiaino di semi di sesamo

1 cucchiaio di arachidi

1 cucchiaio di pasta di tamarindo

1 cucchiaino di curcuma

1 cucchiaino di coriandolo macinato

sale per il gusto

250 ml di acqua

500 g di filetti di pesce spada

1 cucchiaio di foglie di coriandolo tritate

metodo

- Tostare insieme a secco il cocco, i semi di sesamo e le arachidi. Mescolare la pasta di tamarindo, la curcuma, il coriandolo macinato e il sale. Macinare con adeguata quantità di acqua fino ad ottenere una pasta liscia.

- Cuocere questo composto con l'acqua rimanente in una pentola a fuoco medio per 10 minuti, mescolando spesso. Aggiungere i filetti di pesce e cuocere a fuoco lento per 10-12 minuti. Guarnire con foglie di coriandolo e servire caldo.

Rosachi al curry di gamberetti

(gamberetti cotti al cocco)

Per 4 persone

ingredienti

200 g di cocco fresco, grattugiato

5 peperoni rossi

1 cucchiaino e ½ di semi di coriandolo

1 cucchiaino e ½ di semi di papavero

1 cucchiaino di semi di cumino

½ cucchiaino di curcuma

6 spicchi d'aglio

120 ml di olio vegetale raffinato

2 cipolle grandi, tritate finemente

2 pomodori, tritati finemente

250 g di gamberetti sgusciati e puliti

sale per il gusto

metodo

- Macina cocco, peperoncino, coriandolo, semi di papavero, cumino, curcuma e aglio con abbastanza acqua per ottenere una pasta liscia. Mettilo da parte.

- Scaldare l'olio in una pentola. Friggere la cipolla a fuoco basso finché non diventa dorata.

- Aggiungere la pasta di peperoncino al cocco macinato, ai pomodori, ai gamberetti e al sale. Mescolare bene. Cuocere per 15 minuti, mescolando di tanto in tanto. Servire caldo.

Pesce ripieno di datteri e mandorle

Per 4 persone

ingredienti

4 trote da 250 g ciascuna, tagliate verticalmente

½ cucchiaino di peperoncino in polvere

1 cucchiaino di pasta di zenzero

250 g di datteri freschi snocciolati, sbollentati e tritati finemente

75 g di mandorle, pelate e tritate finemente

2-3 cucchiai di riso al vapore (vedi<u>Qui</u>)

1 cucchiaino di zucchero

¼ cucchiaino di cannella in polvere

½ cucchiaino di pepe nero macinato

sale per il gusto

1 cipolla grande, affettata sottilmente

metodo

- Marinare il pesce in polvere di peperoncino e pasta di zenzero per 1 ora.

- Mescolare datteri, mandorle, riso, zucchero, cannella, pepe e sale. Impastare fino ad ottenere un impasto morbido. Mettilo da parte.

- Riempire le incisioni del pesce marinato con datteri e pasta di mandorle. Disporre il pesce ripieno su un foglio di carta stagnola e cospargerlo con la cipolla.

- Avvolgere il pesce e la cipolla nella carta stagnola e sigillare bene i bordi.

- Cuocere in forno a 200°C (400°F, gas 6) per 15-20 minuti. Apri la pellicola e friggi il pesce per altri 5 minuti. Servire caldo.

Pesce tandoori

Per 4 persone

ingredienti

1 cucchiaino di pasta di zenzero

1 cucchiaino di pasta d'aglio

½ cucchiaino di garam masala

1 cucchiaino di peperoncino in polvere

1 cucchiaio di succo di limone

sale per il gusto

500 g di filetti di coda di rana pescatrice

1 cucchiaio di chaat masala*

metodo

- Mescolare pasta di zenzero, pasta di aglio, garam masala, peperoncino in polvere, succo di limone e sale.

- Taglia il pesce. Marinare con la miscela di zenzero e aglio per 2 ore.

- Grigliare il pesce per 15 minuti. Cospargere il chaat masala. Servire caldo.

pesce con verdure

Per 4 persone

ingredienti

Filetti di salmone da 750 g/1 libbra, senza pelle

½ cucchiaino di curcuma

sale per il gusto

2 cucchiai di olio di senape

cucchiaino di semi di senape

cucchiaino di semi di finocchio

un cucchiaino di semi di cipolla

cucchiaino di semi di fieno greco

un cucchiaino di cumino

2 foglie di alloro

2 peperoncini rossi secchi, tagliati a metà

1 cipolla grande, affettata sottilmente

2 peperoncini verdi grandi, tagliati a fette longitudinalmente

½ cucchiaino di zucchero

125 g di piselli in scatola

1 patata grande, tagliata a strisce

2-3 melanzane piccole tagliate a julienne

250 ml di acqua

metodo

- Marinare il pesce con curcuma e sale per 30 minuti.

- Scaldare l'olio in una pentola. Aggiungere il pesce marinato e friggere a fuoco medio per 4-5 minuti, girando di tanto in tanto. Filtrare e conservare.

- Aggiungere allo stesso olio senape, finocchio, cipolla, fieno greco e cumino. Falla sputare per 15 secondi.

- Aggiungi foglie di alloro e peperoncino. Friggere per 30 secondi.

- Aggiungi cipolla e peperoni verdi. Friggere a fuoco medio fino a quando la cipolla diventa dorata.

- Aggiungere lo zucchero, i piselli, le patate e le melanzane. Mescolare bene. Friggere il composto per 7-8 minuti.

- Aggiungere il pesce fritto e l'acqua. Mescolare bene. Coprite con un coperchio e lasciate cuocere per 12-15 minuti, mescolando di tanto in tanto.

- Servire caldo.

Tandoor Gulnar

(trota cotta nel forno tandoor)

Per 4 persone

ingredienti

4 trote da 250 g ciascuna

burro da spalmare

Per la prima marinata:

120 ml di aceto di malto

2 cucchiai di succo di limone

2 cucchiaini di pasta d'aglio

½ cucchiaino di peperoncino in polvere

sale per il gusto

Per la seconda marinata:

Yogurt 400 g/14 once

1 uovo

1 cucchiaino di pasta d'aglio

2 cucchiaini di pasta di zenzero

120 ml di panna fresca liquida

Mezzana 180 g*

Gamberetti con masala verde

Per 4 persone

ingredienti

Radice di zenzero da 1 cm

8 spicchi d'aglio

3 peperoncini verdi, tagliati a fette longitudinalmente

50 g di foglie di coriandolo tritate

1 cucchiaio e mezzo di olio vegetale raffinato

2 cipolle grandi, tritate finemente

2 pomodori, tritati finemente

500 g di gamberi grandi, sgusciati e puliti

1 cucchiaino di pasta di tamarindo

sale per il gusto

½ cucchiaino di curcuma

metodo

- Macinare le foglie di zenzero, aglio, peperoncino e coriandolo. Mettilo da parte.
- Scaldare l'olio in una pentola. Friggere la cipolla a fuoco basso finché non diventa dorata.
- Aggiungere la pasta di aglio e zenzero e i pomodori. Friggere per 4-5 minuti.
- Aggiungere i gamberetti, la pasta di tamarindo, il sale e la curcuma. Mescolare bene. Cuocere per 15 minuti, mescolando di tanto in tanto. Servire caldo.

cotoletta di pesce

Per 4 persone

ingredienti

2 uova

1 cucchiaio di farina bianca

sale per il gusto

400 g San Pietro, senza pelle e sfilettati

500 ml di acqua

2 patate grandi, cotte e schiacciate

1 cucchiaino e ½ di garam masala

1 cipolla grande, grattugiata

1 cucchiaino di pasta di zenzero

Olio vegetale raffinato per friggere

200 grammi di pangrattato

metodo

- Sbattere le uova con farina e sale. Mettilo da parte.
- Cuocere il pesce in acqua salata in una pentola a fuoco medio per 15-20 minuti. Scolate e lavorate un morbido impasto con le patate, il garam masala, la cipolla, la pasta di zenzero e il sale.
- Dividere in 16 parti, formare delle palline e appiattirle leggermente per formare le cotolette.
- Scaldare l'olio in una padella. Immergere la cotoletta nell'uovo sbattuto, arrotolarla nel pangrattato e friggerla a fuoco basso fino a doratura. Servire caldo.

Parsi Pesce Sas

(pesce cotto in salsa bianca)

Per 4 persone

ingredienti

1 cucchiaio di farina di riso

1 cucchiaio di zucchero

60 ml di aceto di malto

2 cucchiai di olio vegetale raffinato

2 cipolle grandi, tagliate a fettine sottili

½ cucchiaino di pasta di zenzero

½ cucchiaino di pasta d'aglio

1 cucchiaino di cumino macinato

sale per il gusto

250 ml di acqua

8 filetti di sogliola al limone

2 uova, sbattute

metodo

- Macinare la farina di riso con lo zucchero e l'aceto fino ad ottenere una pasta. Mettilo da parte.
- Scaldare l'olio in una pentola. Friggere la cipolla a fuoco basso finché non diventa dorata.
- Aggiungere pasta di zenzero, pasta di aglio, cumino macinato, sale, acqua e pesce. Cuocere a fuoco basso per 25 minuti, mescolando di tanto in tanto.
- Aggiungere il composto di farina e cuocere per un minuto.
- Aggiungere con attenzione le uova. Mescolare per un minuto. Decorare e servire caldo.

Peshawari Machhi

Per 4 persone

ingredienti

3 cucchiai di olio vegetale raffinato

1 kg di salmone tagliato a tranci

Radice di zenzero da 1 pollice, grattugiata

8 spicchi d'aglio schiacciati

2 cipolle grandi, tritate

3 pomodori, sbollentati e tagliati

1 cucchiaino di garam masala

Yogurt 400 g/14 once

un cucchiaino di curcuma

1 cucchiaino di amchoor*

sale per il gusto

metodo

- Riscaldare l'olio. Friggere il pesce a fuoco basso fino a doratura. Filtrare e conservare.

- Nello stesso olio aggiungere lo zenzero, l'aglio e la cipolla. Friggere a fuoco basso per 6 minuti. Aggiungere il pesce fritto e tutti gli altri ingredienti. Mescolare bene.
- Cuocere per 20 minuti e servire caldo.

curry di granchio

Per 4 persone

ingredienti

4 gamberi medi, puliti (vedi tecniche di cottura)

sale per il gusto

1 cucchiaino di curcuma

½ scaglie di cocco, grattugiate

6 spicchi d'aglio

4-5 peperoni rossi

1 cucchiaio di semi di coriandolo

1 cucchiaio di semi di cumino

1 cucchiaino di pasta di tamarindo

3-4 peperoncini verdi, tagliati longitudinalmente

1 cucchiaio di olio vegetale raffinato

1 cipolla grande, tritata finemente

metodo

- Marinare i gamberi con sale e curcuma per 30 minuti.
- Mescolare tutti gli ingredienti rimanenti, tranne l'olio e la cipolla, con abbastanza acqua per formare una pasta liscia.
- Scaldare l'olio in una pentola. Friggere la pasta macinata e la cipolla a fuoco basso finché la cipolla non diventa dorata. Aggiungi un po' d'acqua. Cuocere a fuoco lento per 7-8 minuti, mescolando di tanto in tanto. Aggiungi i gamberetti marinati. Mescolare bene e cuocere a fuoco lento per 5 minuti. Servire caldo.

pesce alla senape

Per 4 persone

ingredienti

8 cucchiai di olio di senape

4 trote da 250 g ciascuna

2 cucchiaini di cumino macinato

2 cucchiaini di senape macinata

1 cucchiaino di coriandolo macinato

½ cucchiaino di curcuma

120 ml di acqua

sale per il gusto

metodo

- Scaldare l'olio in una pentola. Aggiungere il pesce e friggere a fuoco medio per 1-2 minuti. Capovolgi il pesce e ripeti il procedimento. Filtrare e conservare.
- Aggiungi cumino macinato, senape e coriandolo allo stesso olio. Falla sputare per 15 secondi.
- Aggiungere la curcuma, l'acqua, il sale e il pesce fritto. Mescolare bene e cuocere a fuoco lento per 10-12 minuti. Servire caldo.

Meno Vattichathu

(Cremisi cucinato con spezie)

Per 4 persone

ingredienti

600 g di pesce spada, senza pelle e sfilettato

½ cucchiaino di curcuma

sale per il gusto

3 cucchiai di olio vegetale raffinato

½ cucchiaino di semi di senape

½ cucchiaino di semi di fieno greco

8 foglie di curry

2 cipolle grandi, tagliate a fettine sottili

8 spicchi d'aglio, tritati finemente

5 cm di zenzero, tagliato a fettine sottili

6 Kokum*

metodo

- Marinare il pesce in curcuma e sale per 2 ore.
- Scaldare l'olio in una pentola. Aggiungi senape e semi di fieno greco. Falla sputare per 15 secondi. Aggiungi tutti gli ingredienti rimanenti e il pesce marinato. Friggere a fuoco basso per 15 minuti. Servire caldo.

Doi Mach

(pesce cotto nello yogurt)

Per 4 persone

ingredienti

4 trote sbucciate e sfilettate

2 cucchiai di olio vegetale raffinato

2 foglie di alloro

1 cipolla grande, tritata finemente

2 cucchiaini di zucchero

sale per il gusto

200 grammi di yogurt

Per il cetriolo:

3 chiodi di garofano

Pezzetto di cannella da 5 cm

3 baccelli di cardamomo verde

Radice di zenzero di 5 cm

1 cipolla grande, affettata sottilmente

1 cucchiaino di curcuma

sale per il gusto

metodo

- Macinare tutti gli ingredienti per la marinata. Marinare il pesce in questa miscela per 30 minuti.
- Scaldare l'olio in una pentola. Aggiungere le foglie di alloro e la cipolla. Friggere a fuoco basso per 3 minuti. Aggiungere lo zucchero, il sale e il pesce marinato. Mescolare bene.
- Friggere per 10 minuti. Aggiungere lo yogurt e cuocere per 8 minuti. Servire caldo.

pesce fritto

Per 4 persone

ingredienti

6 cucchiai di besan*

2 cucchiaini di garam masala

1 cucchiaino di amchoor*

1 cucchiaino di semi di ajwain

1 cucchiaino di pasta di zenzero

1 cucchiaino di pasta d'aglio

sale per il gusto

675 g di coda di rana pescatrice, senza pelle e sfilettata

Olio vegetale raffinato per friggere

metodo

- Mescolare tutti gli ingredienti tranne il pesce e l'olio con abbastanza acqua per creare una pasta densa. Marinare il pesce con questa pasta per 4 ore.
- Scaldare l'olio in una padella. Aggiungere il pesce e friggere a fuoco medio per 4-5 minuti. Girare e friggere nuovamente per 2-3 minuti. Servire caldo.

Produttore di cotolette

Per 4 persone

ingredienti

500 g di salmone senza pelle e filetti

sale per il gusto

500 ml di acqua

250 g di patate, cotte e frullate

200 ml di olio di senape

2 cipolle grandi, tritate finemente

½ cucchiaino di pasta di zenzero

½ cucchiaino di pasta d'aglio

1 cucchiaino e ½ di garam masala

1 uovo sbattuto

200 grammi di pangrattato

Olio vegetale raffinato per friggere

metodo

- Mettete il pesce in una pentola con sale e acqua. Cuocere a fuoco medio per 15 minuti. Scolare e mescolare con le patate. Mettilo da parte.
- Scaldare l'olio in una padella. Aggiungere la cipolla e soffriggere a fuoco medio fino a doratura. Aggiungete il

composto di pesce e tutti gli altri ingredienti tranne l'uovo e il pangrattato. Mescolare bene e cuocere a fuoco basso per 10 minuti.

- Raffreddare e dividere in palline grandi quanto un limone. Appiattire e formare delle cotolette.
- Scaldare l'olio per friggere in una padella. Immergere le cotolette nell'uovo, passarle nel pangrattato e friggerle a fuoco medio fino a doratura. Servire caldo.

Pesce spada di Goa

(Pesce spada preparato alla Goa)

Per 4 persone

ingredienti

50 g di cocco fresco, grattugiato

1 cucchiaino di semi di coriandolo

1 cucchiaino di semi di cumino

1 cucchiaino di semi di papavero

4 spicchi d'aglio

1 cucchiaio di pasta di tamarindo

250 ml di acqua

Olio vegetale raffinato per friggere

1 cipolla grande, tritata finemente

1 cucchiaio di kokum*

sale per il gusto

½ cucchiaino di curcuma

4 bistecche di pesce spada

metodo

- Macinare il cocco, i semi di coriandolo, il cumino, i semi di papavero, l'aglio e la pasta di tamarindo insieme a abbastanza acqua per ottenere una pasta liscia. Mettilo da parte.
- Scaldare l'olio in una pentola. Aggiungere la cipolla e soffriggere a fuoco medio fino a doratura.
- Aggiungere l'impasto macinato e friggere per 2 minuti. Aggiungere il resto degli ingredienti. Mescolare bene e cuocere a fuoco lento per 15 minuti. Servire caldo.

Masala di pesce essiccato

Per 4 persone

ingredienti

6 filetti di salmone

¼ di cocco fresco, grattugiato

7 peperoni rossi

1 cucchiaio di curcuma

sale per il gusto

metodo

- Grigliare i filetti di pesce per 20 minuti. Mettilo da parte.
- Mescolare gli ingredienti rimanenti fino ad ottenere una pasta liscia.
- Mescolare con il pesce. Cuocere il composto in una casseruola a fuoco basso per 15 minuti. Servire caldo.

Curry di gamberi di Madras

Per 4 persone

ingredienti

3 cucchiai di olio vegetale raffinato

3 cipolle grandi, tritate finemente

12 spicchi d'aglio, tritati

3 pomodori, sbollentati e tagliati

½ cucchiaino di curcuma

sale per il gusto

1 cucchiaino di peperoncino in polvere

2 cucchiai di pasta di tamarindo

750 g di gamberetti medi, sgusciati e puliti

4 cucchiai di latte di cocco

metodo

- Scaldare l'olio in una pentola. Aggiungere la cipolla e l'aglio e soffriggere a fuoco medio per un minuto. Aggiungere pomodori, curcuma, sale, peperoncino in polvere, pasta di tamarindo e gamberetti. Mescolare bene e friggere per 7-8 minuti.
- Aggiungi il latte di cocco. Cuocere per 10 minuti e servire caldo.

Pesce con fieno greco

Per 4 persone

ingredienti

8 cucchiai di olio vegetale raffinato

500 g di salmone, sfilettato

1 cucchiaio di pasta d'aglio

75 g di foglie fresche di fieno greco, tritate finemente

4 pomodori, tritati finemente

2 cucchiaini di coriandolo macinato

1 cucchiaino di cumino macinato

1 cucchiaino di succo di limone

sale per il gusto

1 cucchiaino di curcuma

75 grammi di acqua calda

metodo

- Scaldare 4 cucchiai di olio in una padella. Aggiungere il pesce e friggerlo a fuoco medio su entrambi i lati fino a doratura. Filtrare e conservare.
- Scaldare 4 cucchiai di olio in una pentola. Aggiungi la pasta d'aglio. Friggere per un minuto a fuoco basso. Aggiungere gli altri ingredienti tranne l'acqua. Friggere per 4-5 minuti.
- Aggiungere l'acqua e il pesce fritto. Mescolare bene. Coprite con un coperchio e lasciate cuocere per 10-15 minuti, mescolando di tanto in tanto. Servire caldo.

Karimeen Porichathu

(filetto di pesce al masala)

Per 4 persone

ingredienti

1 cucchiaino di peperoncino in polvere

1 cucchiaio di coriandolo macinato

1 cucchiaino di curcuma

1 cucchiaino di pasta di zenzero

2 peperoncini verdi, tritati finemente

succo di 1 limone

8 foglie di curry

sale per il gusto

8 filetti di salmone

Olio vegetale raffinato per friggere

metodo

- Mescolare tutti gli ingredienti tranne il pesce e l'olio.
- Marinare il pesce in questo composto e metterlo in frigorifero per 2 ore.
- Scaldare l'olio in una padella. Aggiungere i pezzi di pesce e friggerli a fuoco medio fino a doratura.
- Servire caldo.

gamberoni

Per 4 persone

ingredienti

500 g di gamberi grandi, sgusciati e puliti

1 cucchiaino di curcuma

½ cucchiaino di peperoncino in polvere

sale per il gusto

3 cucchiai di olio vegetale raffinato

1 cipolla grande, tritata finemente

1 cm di radice di zenzero, tritata finemente

10 spicchi d'aglio, tritati finemente

2-3 peperoncini verdi, tagliati longitudinalmente

½ cucchiaino di zucchero

250 ml di latte di cocco

1 cucchiaio di foglie di coriandolo, tritate finemente

metodo

- Marinare i gamberi in curcuma, peperoncino in polvere e sale per 1 ora.
- Scaldare l'olio in una pentola. Aggiungere la cipolla, lo zenzero, l'aglio e i peperoncini verdi e friggere a fuoco medio per 2-3 minuti.
- Aggiungere lo zucchero, il sale e i gamberi marinati. Mescolare bene e friggere per 10 minuti. Aggiungi il latte di cocco. Stufare per 15 minuti.
- Guarnire con foglie di coriandolo e servire caldo.

Pesce marinato

Per 4 persone

ingredienti

Olio vegetale raffinato per friggere

1 kg di pesce spada senza pelle e filetti

1 cucchiaino di curcuma

12 peperoni rossi secchi

1 cucchiaio di semi di cumino

Radice di zenzero di 5 cm

15 spicchi d'aglio

250 ml di aceto di malto

sale per il gusto

metodo

- Scaldare l'olio in una padella. Aggiungere il pesce e friggere a fuoco medio per 2-3 minuti. Capovolgi e friggi per 1-2 minuti. Mettilo da parte.
- Mescolare gli ingredienti rimanenti fino ad ottenere una pasta liscia.
- Cuocere l'impasto in una pentola a fuoco basso per 10 minuti. Aggiungere il pesce, cuocere per 3-4 minuti,

quindi raffreddare e conservare in un barattolo in frigorifero per un massimo di 1 settimana.

Curry con polpette di pesce

Per 4 persone

ingredienti

500 g di salmone senza pelle e filetti

sale per il gusto

750 ml/1¼ litro d'acqua

1 cipolla grande

3 cucchiaini di garam masala

½ cucchiaino di curcuma

3 cucchiai di olio vegetale raffinato, più extra per friggere

Radice di zenzero di 5 cm, grattugiata

5 spicchi d'aglio, schiacciati

250 g di pomodori, sbollentati e tagliati a cubetti

2 cucchiai di yogurt, montato

metodo

- Cuocere il pesce con un pizzico di sale e 500 ml di acqua a fuoco medio per 20 minuti. Scolare e tritare insieme alla cipolla, al sale, a 1 cucchiaino di garam masala e alla curcuma fino a ottenere un composto omogeneo. Dividere in 12 palline.
- Scaldare l'olio per friggere. Aggiungere le palline e friggerle a fuoco medio fino a doratura. Filtrare e conservare.
- Scaldare 3 cucchiai di olio in una pentola. Aggiungere tutti gli altri ingredienti, l'acqua rimasta e le polpette di pesce. Cuocere per 10 minuti e servire caldo.

Curry di manzo con patate

Per 4 persone

ingredienti

6 grani di pepe nero

3 chiodi di garofano

2 baccelli di cardamomo nero

1 pollice di cannella

1 cucchiaino di semi di cumino

4 cucchiai di olio vegetale raffinato

3 cipolle grandi, tritate finemente

un cucchiaino di curcuma

1 cucchiaino di peperoncino in polvere

1 cucchiaino di pasta di zenzero

1 cucchiaino di pasta d'aglio

750 g/1 libbra di manzo, tritato

2 pomodori, tritati finemente

3 patate grandi, tagliate a cubetti

½ cucchiaino di garam masala

1 cucchiaio di succo di limone

sale per il gusto

1 litro/1¾ pinte di acqua

1 cucchiaio di foglie di coriandolo, tritate finemente

metodo

- Macinare i grani di pepe, i chiodi di garofano, il cardamomo, la cannella e il cumino in una polvere finissima. Mettilo da parte.

- Scaldare l'olio in una pentola. Aggiungere la cipolla e soffriggere a fuoco medio fino a doratura.

- Aggiungere pepe macinato in polvere, curcuma, peperoncino in polvere, pasta di zenzero e pasta di aglio. Friggere per un minuto.

- Aggiungere la carne macinata e friggere per 5-6 minuti.

- Aggiungere i pomodori, le patate e il garam masala. Mescolare bene e cuocere per 5-6 minuti.

- Aggiungere il succo di limone, sale e acqua. Coprite con un coperchio e lasciate cuocere per 45 minuti, mescolando di tanto in tanto.

- Decorare con foglie di coriandolo. Servire caldo.

Masala di agnello piccante

Per 4 persone

ingredienti

675 g di agnello, tagliato a cubetti

3 cipolle grandi, affettate

750 ml/1¼ litro d'acqua

sale per il gusto

4 cucchiai di olio vegetale raffinato

4 foglie di alloro

un cucchiaino di cumino

cucchiaino di semi di senape

1 cucchiaino di pasta di zenzero

1 cucchiaino di pasta d'aglio

2 peperoncini verdi, tritati finemente

1 cucchiaio di arachidi tritate

1 cucchiaio di Chana dhal*, tostato e macinato a secco

1 cucchiaino di peperoncino in polvere

un cucchiaino di curcuma

1 cucchiaino di garam masala

succo di 1 limone

50 g di foglie di coriandolo tritate finemente

metodo

- Mescolare l'agnello con cipolla, acqua e sale. Cuocere questa miscela in una pentola a fuoco medio per 40 minuti. Mettilo da parte.

- Scaldare l'olio in una pentola. Aggiungere le foglie di alloro, il cumino e i semi di senape. Falla sputare per 30 secondi.

- Aggiungere la pasta di zenzero, la pasta di aglio e i peperoncini verdi. Cuocere a fuoco medio per un minuto, mescolando continuamente.

- Aggiungi arachidi macinate, chana dhal, peperoncino in polvere, curcuma e garam masala. Friggere per altri 1-2 minuti.

- Aggiungi il composto di agnello. Mescolare bene. Coprite con un coperchio e lasciate cuocere per 45 minuti, mescolando di tanto in tanto.

- Cospargere con succo di limone e foglie di coriandolo e servire caldo.

Rogan Josh

(curry di agnello di cashmere)

Per 4 persone

ingredienti

succo di 1 limone

200 grammi di yogurt

sale per il gusto

750 g di agnello tagliato a pezzi di 2,5 cm

75 g di burro chiarificato più un po' di burro chiarificato per friggere

2 cipolle grandi, tagliate a fettine sottili

1 pollice di cannella

3 chiodi di garofano

4 baccelli di cardamomo verde

1 cucchiaino di pasta di zenzero

1 cucchiaino di pasta d'aglio

1 cucchiaino di coriandolo macinato

1 cucchiaino di cumino macinato

3 pomodori grandi, tritati finemente

750 ml/1¼ litro d'acqua

10 g di foglie di coriandolo, tritate finemente

metodo

- Mescolare il succo di limone, lo yogurt e il sale. Marinare l'agnello in questa miscela per un'ora.

- Scaldare il burro chiarificato in una padella per friggere. Aggiungere la cipolla e friggere a fuoco medio fino a doratura. Filtrare e conservare.

- Scaldare il burro chiarificato rimanente in una pentola. Aggiungere cannella, chiodi di garofano e cardamomo. Falla sputare per 15 secondi.

- Aggiungere l'agnello marinato e friggere a fuoco medio per 6-7 minuti.

- Aggiungere la pasta di zenzero e la pasta d'aglio. Friggere per 2 minuti.

- Aggiungere il coriandolo macinato, il cumino macinato e i pomodori, mescolare bene e friggere per un altro minuto.

- Aggiungere acqua. Coprite con un coperchio e lasciate cuocere per 40 minuti, mescolando di tanto in tanto.

- Guarnire con foglie di coriandolo e cipolle fritte. Servire caldo.

Costolette di maiale alla griglia

Per 4 persone

ingredienti

6 peperoni verdi

Radice di zenzero di 5 cm

15 spicchi d'aglio

¼ piccola papaya cruda, macinata

200 grammi di yogurt

2 cucchiai di olio vegetale raffinato

2 cucchiai di succo di limone

sale per il gusto

750 g di costolette corte, tagliate in 4 pezzi

metodo

- Macinare peperoncini verdi, zenzero, aglio e papaya cruda con abbastanza acqua per ottenere una pasta densa.

- Mescolare questa pasta con il resto degli ingredienti tranne le costolette. Marinare le costole in questa miscela per 4 ore.

- Grigliare le costolette marinate per 40 minuti, girandole di tanto in tanto. Servire caldo.

Manzo al latte di cocco

Per 4 persone

ingredienti

   5 cucchiai di olio vegetale raffinato

   675 g di carne di manzo tagliata a listarelle larghe 5 cm

   3 cipolle grandi, tritate finemente

   8 spicchi d'aglio, tritati finemente

   2,5 cm di radice di zenzero, tritata finemente

   2 peperoncini verdi, tagliati a fette longitudinalmente

   2 cucchiaini di coriandolo macinato

   2 cucchiaini di cumino macinato

   1 pollice di cannella

   sale per il gusto

   500 ml di acqua

   500 ml di latte di cocco

metodo

- Scaldare 3 cucchiai di olio in una padella. Aggiungere le strisce di manzo poco a poco e friggerle a fuoco basso per 12-15 minuti, girandole di tanto in tanto. Filtrare e conservare.

- Scaldare l'olio rimanente in una pentola. Aggiungere cipolla, aglio, zenzero e pepe verde. Friggere a fuoco medio per 2-3 minuti.

- Aggiungere le strisce di manzo fritte, il coriandolo macinato, il cumino macinato, la cannella, il sale e l'acqua. Stufare per 40 minuti.

- Aggiungi il latte di cocco. Cuocere per 20 minuti, mescolando spesso. Servire caldo.

kebab di maiale

Per 4 persone

ingredienti

100 ml di olio di senape

3 cucchiai di succo di limone

1 cipolla piccola, tritata

2 cucchiaini di pasta d'aglio

1 cucchiaino di senape in polvere

1 cucchiaino di pepe nero macinato

sale per il gusto

600 g di carne di maiale disossata, tagliata a pezzi di 3,5 cm

metodo

- Mescolare tutti gli ingredienti tranne il maiale. Marinare il maiale in questa miscela per una notte.

- Infilare il maiale marinato nello spiedo e grigliarlo per 30 minuti. Servire caldo.

Manzo Arrosto Al Peperoncino

Per 4 persone

ingredienti

750 g di carne di manzo tagliata a pezzi di 2,5 cm

6 grani di pepe nero

3 cipolle grandi, affettate

1 litro/1¾ pinte di acqua

sale per il gusto

4 cucchiai di olio vegetale raffinato

2,5 cm di radice di zenzero, tritata finemente

8 spicchi d'aglio, tritati finemente

4 peperoni verdi

1 cucchiaio di succo di limone

50 g di foglie di coriandolo

metodo

- Mescolare la carne con pepe in grani, 1 cipolla, acqua e sale. Cuocere questa miscela in una pentola a fuoco medio per 40 minuti. Filtrare e conservare. Conserva il brodo.

- Scaldare l'olio in una pentola. Friggere le cipolle rimanenti a fuoco medio fino a doratura. Aggiungere lo zenzero, l'aglio e il peperone verde. Friggere per 4-5 minuti.

- Aggiungere il succo di limone e il composto di manzo. Continuare la cottura per 7-8 minuti. Aggiungi il brodo riservato.

- Coprite con un coperchio e lasciate cuocere per 40 minuti, mescolando di tanto in tanto. Aggiungere le foglie di coriandolo e mescolare bene. Servire caldo.

Uova di manzo alla scozzese

Per 4 persone

ingredienti

500 g di manzo, tritato

sale per il gusto

1 litro/1¾ pinte di acqua

3 cucchiai di besan*

1 uovo sbattuto

25 g/foglie di menta, tritate finemente

25 g/min foglie di coriandolo, tritate

8 uova sode

Olio vegetale raffinato per friggere

metodo

- Mescolare la carne con sale e acqua. Cuocere in pentola a fuoco basso per 45 minuti. Macinare fino a ottenere una pasta e mescolare con besan, uovo sbattuto, foglie di menta e coriandolo. Avvolgete questo composto attorno alle uova sode.
- Scaldare l'olio in una padella. Aggiungere le uova avvolte e friggere a fuoco medio fino a doratura. Servire caldo.

Carne di manzo essiccata in stile Malabar

Per 4 persone

ingredienti

675 g di carne di manzo tagliata a cubetti

4 cucchiai di olio vegetale raffinato

3 cipolle grandi, affettate

1 pomodoro, tritato finemente

100 g di cocco essiccato

1 cucchiaino di peperoncino in polvere

1 cucchiaino di garam masala

1 cucchiaino di coriandolo macinato

1 cucchiaino di cumino macinato

sale per il gusto

1 litro/1¾ pinte di acqua

Per la miscela di spezie:

Radice di zenzero, 3,5 cm/1½ pollice di diametro

6 peperoni verdi

1 cucchiaio di coriandolo macinato

10 foglie di curry

1 cucchiaio di pasta d'aglio

metodo

- Macinare tutti gli ingredienti della miscela di spezie fino a ottenere una pasta densa. Marinare la carne in questa miscela per un'ora.
- Scaldare l'olio in una pentola. Friggere la cipolla a fuoco medio finché non diventa dorata. Aggiungere la carne e friggere per 6-7 minuti.
- Aggiungere il resto degli ingredienti. Cuocere per 40 minuti e servire caldo.

Costolette di agnello Moghul

Per 4 persone

ingredienti

Radice di zenzero di 5 cm

8 spicchi d'aglio

6 peperoni rossi secchi

2 cucchiaini di succo di limone

sale per il gusto

8 costolette di agnello, pestate e appiattite

150 grammi di burro chiarificato

2 patate grandi, affettate e fritte

2 cipolle grandi

metodo

- Macinare lo zenzero, l'aglio e i peperoncini rossi con il succo di limone, il sale e abbastanza acqua per formare una pasta liscia. Marinare le cotolette in questa miscela per 4-5 ore.
- Scaldare il ghe in una padella. Aggiungere le cotolette marinate e friggere a fuoco medio per 8-10 minuti.
- Aggiungere la cipolla e le patate fritte. Cuocere per 15 minuti. Servire caldo.

Manzo con gombo

Per 4 persone

ingredienti

4½ cucchiai di olio vegetale raffinato

200 grammi di gombo

2 cipolle grandi, tritate finemente

2,5 cm di radice di zenzero, tritata finemente

4 spicchi d'aglio, tritati finemente

750 g di carne di manzo tagliata a pezzi di 2,5 cm

4 peperoncini rossi secchi

1 cucchiaio di coriandolo macinato

½ cucchiaio di cumino macinato

1 cucchiaino di garam masala

2 pomodori, tritati finemente

sale per il gusto

1 litro/1¾ pinte di acqua

metodo

- Scaldare 2 cucchiai di olio in una padella. Aggiungere l'okra e friggere a fuoco medio fino a quando diventa croccante e dorato. Filtrare e conservare.
- Scaldare l'olio rimanente in una pentola. Friggere la cipolla a fuoco medio finché non diventa traslucida. Aggiungi lo zenzero e l'aglio. Friggere per un minuto.
- Aggiungi carne di manzo. Friggere per 5-6 minuti. Aggiungi tutti gli ingredienti rimanenti e l'ocra. Cuocere a fuoco lento per 40 minuti, mescolando spesso. Servire caldo.

Baffad di manzo

(manzo cotto con cocco e aceto)

Per 4 persone

ingredienti

675 g di carne di manzo tagliata a cubetti

sale per il gusto

1 litro/1¾ pinte di acqua

1 cucchiaino di curcuma

½ cucchiaino di pepe nero

½ cucchiaino di semi di cumino

5-6 dita

1 pollice di cannella

12 spicchi d'aglio, tritati finemente

2,5 cm di radice di zenzero, tritata finemente

100 g di cocco fresco, grattugiato

6 cucchiai di aceto di malto

5 cucchiai di olio vegetale raffinato

2 cipolle grandi, tritate finemente

metodo

- Unisci la carne con sale e acqua e cuoci in una pentola a fuoco medio per 45 minuti, mescolando di tanto in tanto. Mettilo da parte.
- Tritare il resto degli ingredienti tranne l'olio e la cipolla.
- Scaldare l'olio in una pentola. Aggiungere il composto macinato e la cipolla.
- Friggere a fuoco medio per 3-4 minuti. Aggiungi il composto di manzo. Cuocere a fuoco lento per 20 minuti, mescolando di tanto in tanto. Servire caldo.

Badami Gosht

(agnello alle mandorle)

Per 4 persone

ingredienti

5 cucchiai di burro chiarificato

3 cipolle grandi, tritate finemente

12 spicchi d'aglio schiacciati

Radice di zenzero 3,5 cm, tritata finemente

750 g di agnello tritato

75 g di mandorle tritate

1 cucchiaio di garam masala

sale per il gusto

Yogurt 250 g/9 once

360 ml di latte di cocco

500 ml di acqua

metodo

- Scaldare il burro chiarificato in una pentola. Aggiungere tutti gli ingredienti tranne lo yogurt, il latte di cocco e l'acqua. Mescolare bene. Friggere a fuoco basso per 10 minuti.
- Aggiungere il resto degli ingredienti. Stufare per 40 minuti. Servire caldo.

Arrosto di manzo indiano

Per 4 persone

ingredienti

30 g di formaggio cheddar, grattugiato

½ cucchiaino di pepe nero macinato

1 cucchiaino di peperoncino in polvere

10 g di foglie di coriandolo, tritate

10 g di foglie di menta, tritate finemente

1 cucchiaino di pasta di zenzero

1 cucchiaino di pasta d'aglio

25 g/pezzo di pangrattato

1 uovo sbattuto

sale per il gusto

675 g di carne di manzo disossata, appiattita e tagliata in 8 pezzi

5 cucchiai di olio vegetale raffinato

500 ml di acqua

metodo

- Mescolare tutti gli ingredienti tranne la carne, l'olio e l'acqua.
- Applicare questa miscela su un lato di ciascun pezzo di manzo. Arrotolateli ciascuno e legateli con lo spago per chiuderli.
- Scaldare l'olio in una pentola. Aggiungere i panini e friggere a fuoco medio per 8 minuti. Aggiungere acqua e mescolare bene. Stufare per 30 minuti. Servire caldo.

Cotolette di Khatta Pudin

(Cotolette alla menta acida)

Per 4 persone

ingredienti

1 cucchiaino di cumino macinato

1 cucchiaio di pepe bianco macinato

2 cucchiaini di garam masala

5 cucchiai di succo di limone

4 cucchiai di panna liquida

150 grammi di yogurt

250 ml di chutney di menta

2 cucchiai di amido di mais

¼ di papaia piccola, macinata

1 cucchiaio di pasta d'aglio

1 cucchiaio di pasta di zenzero

1 cucchiaino di fieno greco macinato

sale per il gusto

675 g di costolette di agnello

Olio vegetale raffinato per spazzolare

metodo

- Mescolare tutti gli ingredienti tranne le costolette di agnello e l'olio. Marinare le cotolette in questa miscela per 5 ore.
- Spennellare le cotolette con olio e grigliare per 15 minuti. Servire caldo.

Bistecca di manzo indiana

Per 4 persone

ingredienti

675 g/1 ½ lb di manzo, tagliato a bistecche

Radice di zenzero 3,5 cm, tritata finemente

12 spicchi d'aglio, tritati finemente

2 cucchiai di pepe nero macinato

4 cipolle medie, tritate finemente

4 peperoncini verdi, tritati finemente

3 cucchiai di aceto

750 ml/1¼ litro d'acqua

sale per Il gusto

5 cucchiai di olio vegetale raffinato, più extra per friggere

metodo

- Mescolare in una pentola tutti gli ingredienti tranne l'olio per friggere.
- Coprite con un coperchio ermetico e lasciate cuocere per 45 minuti, mescolando di tanto in tanto.
- Scaldare l'olio rimanente in una padella. Aggiungere il composto di bistecca cotta e cuocere a fuoco medio per 5-7 minuti, girando di tanto in tanto. Servire caldo.

Agnello in salsa verde

Per 4 persone

ingredienti

4 cucchiai di olio vegetale raffinato

3 cipolle grandi, grattugiate

1 cucchiaino e ½ di pasta di zenzero

1 cucchiaino di pasta d'aglio

675 g di agnello tagliato a pezzi di 2,5 cm

½ cucchiaino di cannella in polvere

½ cucchiaino di chiodi di garofano macinati

½ cucchiaino di cardamomo nero macinato

6 peperoncini rossi secchi, macinati

2 cucchiaini di coriandolo macinato

½ cucchiaino di cumino macinato

10 g di foglie di coriandolo, tritate finemente

4 pomodori, purea

sale per il gusto

500 ml di acqua

metodo

- Scaldare l'olio in una pentola. Aggiungere la cipolla, la pasta di zenzero e la pasta d'aglio. Friggere a fuoco medio per 2-3 minuti.

- Aggiungere tutti gli ingredienti rimanenti tranne l'acqua. Mescolare bene e friggere per 8-10 minuti. Aggiungere acqua. Coprite con un coperchio e lasciate cuocere per 40 minuti, mescolando di tanto in tanto. Servire caldo.

Agnello macinato semplice

Per 4 persone

ingredienti

3 cucchiai di olio di senape

2 cipolle grandi, tritate finemente

Radice di zenzero 7,5 cm, tritata finemente

2 cucchiaini di pepe nero macinato grossolanamente

2 cucchiaini di cumino macinato

sale per il gusto

1 cucchiaino di curcuma

750 g/1 libbra di agnello macinato

500 ml di acqua

metodo

- Scaldare l'olio in una pentola. Aggiungere cipolla, zenzero, pepe, cumino macinato, sale e curcuma. Friggere per 2 minuti. Aggiungi carne macinata. Friggere per 8-10 minuti.
- Aggiungere acqua. Mescolare bene e cuocere a fuoco lento per 30 minuti. Servire caldo.

Sorpotel di maiale

(fegato di maiale cotto in salsa Goa)

Per 4 persone

ingredienti

250 ml di aceto di malto

8 peperoni rossi secchi

10 grani di pepe nero

1 cucchiaino di semi di cumino

1 cucchiaio di semi di coriandolo

1 cucchiaino di curcuma

500 grammi di carne di maiale

250 g di fegato

sale per il gusto

1 litro/1¾ pinte di acqua

120 ml di olio vegetale raffinato

Radice di zenzero, lunga 5 cm, tagliata a fettine sottili

20 spicchi d'aglio, tritati finemente

6 peperoncini verdi, tagliati a fette longitudinalmente

metodo

- Macinare metà dell'aceto con peperoncini rossi, pepe in grani, cumino, semi di coriandolo e curcuma fino ad ottenere una pasta fine. Mettilo da parte.
- Mescolare carne di maiale e fegato con sale e acqua. Cuocere in pentola per 30 minuti. Filtrare e riservare il brodo. Tagliare il maiale e il fegato a cubetti. Mettilo da parte.
- Scaldare l'olio in una pentola. Aggiungere la carne tagliata a cubetti e farla rosolare a fuoco basso per 12 minuti. Aggiungere l'impasto e tutti gli altri ingredienti. Mescolare bene.
- Friggere per 15 minuti. Aggiungi brodo. Stufare per 15 minuti. Servire caldo.

Agnello marinato

Per 4 persone

ingredienti

750 g di agnello tagliato a listarelle sottili

sale per il gusto

1 litro/1¾ pinte di acqua

6 cucchiai di olio vegetale raffinato

1 cucchiaino di curcuma

4 cucchiai di succo di limone

2 cucchiai di cumino macinato, tostato a secco

4 cucchiai di semi di sesamo macinati

Radice di zenzero 7,5 cm, tritata finemente

12 spicchi d'aglio, tritati finemente

metodo

- Mescolare l'agnello con sale e acqua e cuocere in una pentola a fuoco medio per 40 minuti. Filtrare e conservare.
- Scaldare l'olio in una padella. Aggiungere l'agnello e friggere a fuoco medio per 10 minuti. Filtrare e mescolare con gli ingredienti rimanenti. Servire freddo.

Halem

(Montone cotto alla persiana)

Per 4 persone

ingredienti

500 g di grano ammollato per 2-3 ore e scolato

1,5 litri/2¾ pinte di acqua

sale per il gusto

500 g di agnello, tagliato a cubetti

4-5 cucchiai di burro chiarificato

3 cipolle grandi, affettate

1 cucchiaino di pasta di zenzero

1 cucchiaino di pasta d'aglio

1 cucchiaino di curcuma

1 cucchiaino di garam masala

metodo

- Mescolare il grano con 250 ml di acqua e un pizzico di sale. Cuocere in una pentola a fuoco medio per 30 minuti. Schiacciare bene e mettere da parte.
- Cuocere l'agnello in una pentola con la restante acqua e sale per 45 minuti. Filtrare e macinare fino a ottenere una pasta fine. Conserva il brodo.
- Riscalda il burro chiarificato. Friggere la cipolla a fuoco basso finché non diventa dorata. Aggiungere la pasta di zenzero, la pasta di aglio, la curcuma e la carne macinata. Friggere per 8 minuti. Aggiungere grano, brodo e garam masala. Cuocere per 20 minuti. Servire caldo.

Cotolette di montone masala verde

Per 4 persone

ingredienti

675 g di cotolette di agnello

sale per il gusto

1 cucchiaino di curcuma

500 ml di acqua

2 cucchiai di coriandolo macinato

1 cucchiaino di cumino macinato

1 cucchiaio di pasta di zenzero

1 cucchiaio di pasta d'aglio

100 g di foglie di coriandolo, macinate

1 cucchiaino di succo di limone

1 cucchiaino di pepe nero macinato

1 cucchiaino di garam masala

60 g di farina bianca

Olio vegetale raffinato per friggere

2 uova, sbattute

50 g di pangrattato

metodo

- Mescolare la carne di montone con sale, curcuma e acqua. Cuocere in una pentola a fuoco medio per 30 minuti. Filtrare e conservare.
- Mescolare i restanti ingredienti tranne la farina, l'olio, le uova e il pangrattato.
- Spennellare le cotolette con questo composto e cospargerle di farina.
- Scaldare l'olio in una padella. Immergere le cotolette nell'uovo, passarle nel pangrattato e friggerle fino a doratura. Torna indietro e ripeti il processo. Servire caldo.

Fegato di agnello con fieno greco

Per 4 persone

ingredienti

4 cucchiai di olio vegetale raffinato

2 cipolle grandi, tritate finemente

¾ cucchiaino di pasta di zenzero

un cucchiaino di pasta d'aglio

50 g di foglie di fieno greco tritate

600 g di fegato di agnello, tagliato a cubetti

3 pomodori, tritati finemente

1 cucchiaino di garam masala

120 ml di acqua calda

1 cucchiaio di succo di limone

sale per il gusto

metodo

- Scaldare l'olio in una pentola. Friggere la cipolla a fuoco medio finché non diventa traslucida. Aggiungere la pasta di zenzero e la pasta d'aglio. Friggere per 1-2 minuti.
- Aggiungi foglie di fieno greco e fegato. Friggere per 5 minuti.
- Aggiungere il resto degli ingredienti. Cuocere per 40 minuti e servire caldo.

La carne di Saddam Hussein

(Manzo cotto in salsa dell'India settentrionale)

Per 4 persone

ingredienti

4 cucchiai di olio vegetale raffinato

675 g di carne di manzo tritata finemente

Yogurt 125 g/4½ once

sale per il gusto

750 ml/1¼ litro d'acqua

Per la miscela di spezie:

4 cipolle grandi

8 spicchi d'aglio

Radice di zenzero da 1 pollice

2 cucchiaini di garam masala

1 cucchiaino di curcuma

2 cucchiaini di coriandolo macinato

1 cucchiaino di cumino macinato

metodo

- Macina gli ingredienti della miscela di spezie fino a ottenere una pasta densa.
- Scaldare l'olio in una pentola. Aggiungere l'impasto e friggere a fuoco medio per 4-5 minuti. Aggiungi carne di manzo. Mescolare bene e friggere per 8-10 minuti.
- Aggiungere yogurt, sale e acqua. Mescolare bene. Coprite con un coperchio e lasciate cuocere per 40 minuti, mescolando di tanto in tanto. Servire caldo.

agnello methi

(Agnello con fieno greco)

Per 4 persone

ingredienti

120 ml di olio vegetale raffinato

1 cipolla grande, affettata sottilmente

6 spicchi d'aglio, tritati finemente

600 g di agnello, tagliato a cubetti

50 g di foglie di fieno greco fresche, tritate finemente

½ cucchiaino di curcuma

1 cucchiaino di coriandolo macinato

Yogurt 125 g/4½ once

600 ml/1 litro di acqua

½ cucchiaino di cardamomo verde macinato

sale per il gusto

metodo

- Scaldare l'olio in una pentola. Aggiungere la cipolla e l'aglio e soffriggere a fuoco medio per 4 minuti.
- Aggiungi l'agnello. Friggere per 7-8 minuti. Aggiungere il resto degli ingredienti. Mescolare bene e cuocere a fuoco lento per 45 minuti. Servire caldo.

Manzo davvero

(manzo cotto in salsa indiana)

Per 4 persone

ingredienti

675 g di carne macinata

1 pollice di cannella

6 chiodi di garofano

sale per il gusto

1 litro/1¾ pinte di acqua

5 cucchiai di olio vegetale raffinato

3 patate grandi, tagliate a fette

Per la miscela di spezie:

60 ml di aceto di malto

3 cipolle grandi

Radice di zenzero da 1 pollice

8 spicchi d'aglio

½ cucchiaino di curcuma

2 peperoni rossi secchi

2 cucchiaini di semi di cumino

metodo

- Mescolare la carne con cannella, chiodi di garofano, sale e acqua. Cuocere in una pentola a fuoco medio per 45 minuti. Mettilo da parte.
- Macina gli ingredienti della miscela di spezie fino a ottenere una pasta densa.
- Scaldare l'olio in una pentola. Aggiungere la miscela di spezie e friggere a fuoco basso per 5-6 minuti. Aggiungi manzo e patate. Mescolare bene. Cuocere per 15 minuti e servire caldo.

casseruola di agnello

Per 4 persone

ingredienti

3 cucchiai di olio vegetale raffinato

2 cipolle grandi, tritate finemente

4 spicchi d'aglio, tritati finemente

500 g di agnello, tritato

2 cucchiaini di cumino macinato

6 cucchiai di passata di pomodoro

150 g di fagioli rossi in scatola

250 ml di brodo di carne

Pepe nero macinato a piacere

sale per il gusto

metodo

- Scaldare l'olio in una pentola. Aggiungere la cipolla e l'aglio e soffriggere a fuoco medio per 2-3 minuti. Aggiungere la carne macinata e friggere per 10 minuti. Aggiungere il resto degli ingredienti. Mescolare bene e cuocere a fuoco lento per 30 minuti.
- Versare in una pirofila da forno. Cuocere in forno a 180°C (350°F, gas 4) per 25 minuti. Servire caldo.

Agnello al cardamomo

Per 4 persone

ingredienti

sale per il gusto

200 grammi di yogurt

1 cucchiaio e mezzo di pasta di zenzero

2½ cucchiaini di pasta d'aglio

2 cucchiai di cardamomo verde macinato

675 g di agnello tagliato a pezzi di 3,5 cm

6 cucchiai di burro chiarificato

6 chiodi di garofano

7,5 cm di cannella macinata grossolanamente

4 cipolle grandi, tagliate a fettine sottili

½ cucchiaino di zafferano ammollato in 2 cucchiai di latte

1 litro/1¾ pinte di acqua

125 g di noci tostate

metodo

- Mescolare sale, yogurt, pasta di zenzero, pasta di aglio e cardamomo. Marinare la carne in questa miscela per 2 ore.
- Scaldare il burro chiarificato in una pentola. Aggiungi chiodi di garofano e cannella. Falla sputare per 15 secondi.
- Aggiungi la cipolla. Friggere per 3-4 minuti. Aggiungere la carne marinata, lo zafferano e l'acqua. Mescolare bene. Coprite con un coperchio e lasciate cuocere per 40 minuti.
- Servire caldo, decorato con noci.

Khema

(carne di manzo macinata)

Per 4 persone

ingredienti

5 cucchiai di olio vegetale raffinato

4 cipolle grandi, tritate finemente

1 cucchiaino di pasta di zenzero

1 cucchiaino di pasta d'aglio

3 pomodori, tritati finemente

2 cucchiaini di garam masala

200 g di piselli surgelati

sale per il gusto

675 g/1 ½ lb di manzo, tritato

500 ml di acqua

metodo

- Scaldare l'olio in una pentola. Aggiungere la cipolla e soffriggere a fuoco medio fino a doratura. Aggiungere la pasta di zenzero, la pasta d'aglio, i pomodori, il garam masala, i piselli e il sale. Mescolare bene. Friggere per 3-4 minuti.
- Aggiungi carne e acqua. Mescolare bene. Cuocere per 40 minuti e servire caldo.

Patatine fritte piccanti di maiale

Per 4 persone

ingredienti

675 g di carne di maiale tagliata a cubetti

2 cipolle grandi, tritate finemente

1 cucchiaino di olio vegetale raffinato

1 litro/1¾ pinte di acqua

sale per il gusto

Per la miscela di spezie:

250 ml di aceto

2 cipolle grandi

1 cucchiaio di pasta di zenzero

1 cucchiaio di pasta d'aglio

1 cucchiaio di pepe nero macinato

1 cucchiaio di peperoncino verde

1 cucchiaio di curcuma

1 cucchiaio di peperoncino in polvere

1 cucchiaio di chiodi di garofano

5 cm di cannella

1 cucchiaio di baccelli di cardamomo verde

metodo

- Macina gli ingredienti della miscela di spezie fino a ottenere una pasta densa.
- Mescolare con gli altri ingredienti in una pentola. Coprire con un coperchio stretto e cuocere a fuoco lento per 50 minuti. Servire caldo.

Tandoori Raan

(cosciotto d'agnello piccante cotto nel forno tandoor)

Per 4 persone

ingredienti

Cosciotto d'agnello 675 g/1½ lb

Yogurt 400 g/14 once

2 cucchiai di succo di limone

2 cucchiaini di pasta di zenzero

2 cucchiaini di pasta d'aglio

1 cucchiaino di chiodi di garofano macinati

1 cucchiaino di cannella in polvere

2 cucchiaini di peperoncino in polvere

1 cucchiaino di noce moscata grattugiata

pizzico di massa

sale per il gusto

Olio vegetale raffinato per spazzolare

metodo

- Pungere l'agnello dappertutto con una forchetta.
- Mescolare bene gli altri ingredienti tranne l'olio. Marinare l'agnello in questa miscela per 4-6 ore.
- Cuocere l'agnello in forno preriscaldato a 180°C (350°F, gas 4) per 1,5 - 2 ore, spennellando di tanto in tanto. Servire caldo.

Agnello di Talaa

(Arrosto di agnello)

Per 4 persone

ingredienti

675 g di agnello tagliato a pezzi di 5 cm

sale per il gusto

1 litro/1¾ pinte di acqua

4 cucchiai di burro chiarificato

2 cipolle grandi, affettate

Per la miscela di spezie:

8 peperoni secchi

1 cucchiaino di curcuma

1 cucchiaio e mezzo di garam masala

2 cucchiaini di semi di papavero

3 cipolle grandi, tritate finemente

1 cucchiaino di pasta di tamarindo

metodo

- Macinare gli ingredienti della miscela di spezie con acqua fino a ottenere una pasta densa.
- Mescolare questa pasta con carne, sale e acqua. Cuocere in una pentola a fuoco medio per 40 minuti. Mettilo da parte.
- Scaldare il burro chiarificato in una pentola. Aggiungere la cipolla e soffriggere a fuoco medio fino a doratura. Aggiungi il composto di carne. Fate cuocere per 6-7 minuti e servite caldo.

lingua soffocata

Per 4 persone

ingredienti

Lingua di manzo da 900 g/2 libbre

sale per il gusto

1 litro/1¾ pinte di acqua

1 cucchiaino di burro chiarificato

3 cipolle grandi, tritate finemente

Radice di zenzero, lunga 5 cm, tagliata a julienne

4 pomodori, tritati finemente

125 g di piselli surgelati

10 g di foglie di menta, tritate finemente

1 cucchiaino di aceto di malto

1 cucchiaino di pepe nero macinato

½ cucchiaio di garam masala

metodo

- Mettete la lingua in una pentola con sale e acqua e fate cuocere a fuoco medio per 45 minuti. Filtrare e raffreddare per un po'. Togliere la pelle e tagliarla a listarelle. Mettilo da parte.
- Scaldare il burro chiarificato in una pentola. Aggiungere la cipolla e lo zenzero e soffriggere a fuoco medio per 2-3 minuti. Aggiungere la lingua cotta e tutti gli ingredienti rimanenti. Stufare per 20 minuti. Servire caldo.

Involtini di montone fritti

Per 4 persone

ingredienti

75 g di formaggio cheddar, grattugiato

½ cucchiaino di pepe nero macinato

1 cucchiaino di pasta di zenzero

1 cucchiaino di pasta d'aglio

3 uova sbattute

50 g di foglie di coriandolo tritate

100 g di pangrattato

sale per il gusto

675 g di agnello disossato, tagliato a pezzi di 10 cm e appiattito

4 cucchiai di burro chiarificato

250 ml di acqua

metodo

- Mescolare tutti gli ingredienti tranne carne, burro chiarificato e acqua. Applicare il composto su un lato dei pezzi di carne. Arrotolare ogni parte con cura e legarla con lo spago.
- Scaldare il ghe in una padella. Aggiungere gli involtini di agnello e friggerli a fuoco medio fino a doratura. Aggiungere acqua. Cuocere per 15 minuti e servire caldo.

masala di fegato fritto

Per 4 persone

ingredienti

4 cucchiai di olio vegetale raffinato

675 g di fegato di agnello, tagliato a strisce larghe 5 cm

2 cucchiai di zenzero, tagliati a julienne

15 spicchi d'aglio, tritati finemente

8 peperoncini verdi, tagliati a fette longitudinalmente

2 cucchiaini di cumino macinato

1 cucchiaino di curcuma

Yogurt 125 g/4½ once

1 cucchiaino di pepe nero macinato

sale per il gusto

50 g di foglie di coriandolo tritate

succo di 1 limone

metodo

- Scaldare l'olio in una pentola. Aggiungere le strisce di fegato e friggere a fuoco medio per 10-12 minuti.
- Aggiungere lo zenzero, l'aglio, i peperoncini verdi, il cumino e la curcuma. Friggere per 3-4 minuti. Aggiungere yogurt, pepe e sale. Friggere per 6-7 minuti.
- Aggiungere le foglie di coriandolo e il succo di limone. Friggere a fuoco basso per 5-6 minuti. Servire caldo.

Lingua di manzo piccante

Per 4 persone

ingredienti

Lingua di manzo da 900 g/2 libbre

sale per il gusto

1,5 litri/2¾ pinte di acqua

2 cucchiaini di semi di cumino

12 spicchi d'aglio

5 cm di cannella

4 chiodi di garofano

6 peperoni rossi secchi

8 grani di pepe nero

6 cucchiai di aceto di malto

3 cucchiai di olio vegetale raffinato

2 cipolle grandi, tritate finemente

3 pomodori, tritati finemente

1 cucchiaino di curcuma

metodo

- Cuocere la lingua in una pentola a fuoco basso con sale e 1,2 litri di acqua per 45 minuti. Sbucciare la pelle. Tagliate le lingue a cubetti e mettetele da parte.
- Macina cumino, aglio, cannella, chiodi di garofano, peperoncini rossi essiccati e pepe in grani con aceto per ottenere una pasta liscia. Mettilo da parte.
- Scaldare l'olio in una pentola. Friggere la cipolla a fuoco medio finché non diventa traslucida. Aggiungere la pasta macinata, la lingua tagliata a cubetti, i pomodori, la curcuma e l'acqua rimanente. Cuocere per 20 minuti e servire caldo.

Pasanda di agnello

(kebab di agnello in salsa di yogurt)

Per 4 persone

ingredienti

½ cucchiaio di olio vegetale raffinato

3 cipolle grandi, affettate longitudinalmente

¼ piccola papaya acerba, macinata

200 grammi di yogurt

2 cucchiaini di garam masala

sale per il gusto

750 g di agnello disossato, tagliato a pezzi di 5 cm

metodo

- Scaldare l'olio in una pentola. Friggere la cipolla a fuoco basso finché non diventa dorata.
- Scolare la cipolla e ridurla in una pasta. Mescolare gli altri ingredienti tranne l'agnello. Marinare l'agnello in questa miscela per 5 ore.
- Disporre in una tortiera e cuocere in forno preriscaldato a 180°C (350°F, gas 4) per 30 minuti. Servire caldo.

Curry di agnello e mele

Per 4 persone

ingredienti

5 cucchiai di olio vegetale raffinato

4 cipolle grandi, affettate

4 pomodori grandi pelati (vedi tecniche di cottura)

½ cucchiaino di pasta d'aglio

2 cucchiaini di coriandolo macinato

2 cucchiaini di cumino macinato

1 cucchiaino di peperoncino in polvere

30 g di anacardi, macinati

750 g di agnello disossato, tagliato a pezzi di 2,5 cm

200 grammi di yogurt

1 cucchiaino di pepe nero macinato

sale per il gusto

750 ml/1¼ litro d'acqua

4 mele tagliate a pezzi di 3,5 cm

120 ml di panna fresca liquida

metodo

- Scaldare l'olio in una padella. Friggere la cipolla a fuoco basso finché non diventa dorata.
- Aggiungere i pomodori, la pasta d'aglio, il coriandolo e il cumino. Friggere per 5 minuti.
- Aggiungere gli altri ingredienti tranne l'acqua, le mele e la panna. Mescolare bene e friggere per 8-10 minuti.
- Versare l'acqua e cuocere a fuoco lento per 40 minuti. Aggiungere le mele e mescolare per 10 minuti. Aggiungere la panna e mescolare per altri 5 minuti. Servire caldo.

Andhra, montone secco

Per 4 persone

ingredienti

675 g di agnello tritato

4 cipolle grandi, tagliate a fettine sottili

6 pomodori, tritati finemente

1 cucchiaino e ½ di pasta di zenzero

1 cucchiaino e ½ di pasta d'aglio

50 g di cocco fresco, grattugiato

2 cucchiai e mezzo di garam masala

½ cucchiaino di pepe nero macinato

1 cucchiaino di curcuma

sale per il gusto

500 ml di acqua

6 cucchiai di olio vegetale raffinato

metodo

- Mescolare tutti gli ingredienti tranne l'olio. Cuocere in una pentola a fuoco medio per 40 minuti. Filtrare la carne e riservare il brodo.
- Scaldare l'olio in un'altra pentola. Aggiungere la carne cotta e farla rosolare a fuoco medio per 10 minuti. Servire caldo.

Curry di manzo facile

Per 4 persone

ingredienti

3 cucchiai di olio vegetale raffinato

2 cipolle grandi, tritate finemente

750 g di carne di manzo tagliata a pezzi di 2,5 cm

1 cucchiaino di pasta di zenzero

1 cucchiaino di pasta d'aglio

1 cucchiaino di peperoncino in polvere

½ cucchiaino di curcuma

sale per il gusto

300 g di yogurt

1,2 litri/2 litri di acqua

metodo

- Scaldare l'olio in una pentola. Friggere la cipolla a fuoco basso finché non diventa dorata.
- Aggiungere gli altri ingredienti tranne lo yogurt e l'acqua. Friggere per 6-7 minuti. Aggiungi yogurt e acqua. Stufare per 40 minuti. Servire caldo.

Mio Dio, Korma

(Ricco di montone in salsa)

Per 4 persone

ingredienti

3 cucchiai di semi di papavero

75 g di anacardi

50 g/1¾ oz cocco essiccato

3 cucchiai di olio vegetale raffinato

1 cipolla grande, affettata sottilmente

2 cucchiai di pasta di zenzero

2 cucchiai di pasta d'aglio

675 g di agnello disossato, tagliato a cubetti

200 grammi di yogurt

10 g di foglie di coriandolo, tritate

10 g di foglie di menta, tritate

½ cucchiaino di garam masala

sale per il gusto

1 litro/1¾ pinte di acqua

metodo

- Tostare a secco i semi di papavero, gli anacardi e il cocco. Macinare con abbastanza acqua per ottenere una pasta densa. Mettilo da parte.
- Scaldare l'olio in una pentola. Soffriggere la cipolla, la pasta di zenzero e la pasta d'aglio a fuoco medio per 1-2 minuti.
- Aggiungere la pasta di semi di papavero e anacardi e il resto degli ingredienti tranne l'acqua. Mescolare bene e friggere per 5-6 minuti.
- Aggiungere acqua. Cuocere a fuoco lento per 40 minuti, mescolando spesso. Servire caldo.

Cotolette Erachi

(Costolette tenere di montone)

Per 4 persone

ingredienti

Costolette di agnello 750 g/1 libbra 10 once

sale per il gusto

1 cucchiaino di curcuma

1 litro/1¾ pinte di acqua

2 cucchiai di olio vegetale raffinato

1 cucchiaino di pasta di zenzero

1 cucchiaino di pasta d'aglio

3 cipolle grandi, affettate

5 peperoncini verdi, tagliati a fette longitudinalmente

2 pomodori grandi, tritati finemente

½ cucchiaino di coriandolo macinato

1 cucchiaio di pepe nero macinato

1 cucchiaio di succo di limone

2 cucchiai di foglie di coriandolo tritate

metodo

- Marinare le costolette di agnello con sale e curcuma per 2-3 ore.
- Cuocere la carne con acqua a fuoco basso per 40 minuti. Mettilo da parte.
- Scaldare l'olio in una pentola. Aggiungere la pasta di zenzero, la pasta di aglio, la cipolla e i peperoncini verdi e friggere a fuoco medio per 3-4 minuti.
- Aggiungere i pomodori, il coriandolo macinato e il pepe. Mescolare bene. Friggere per 5-6 minuti. Aggiungere l'agnello e friggere per 10 minuti.

- Decorare con succo di limone e foglie di coriandolo. Servire caldo.

Tritato al forno

Per 4 persone

ingredienti

3 cucchiai di olio vegetale raffinato

2 cipolle grandi, tritate finemente

6 spicchi d'aglio, tritati finemente

600 g di agnello, tritato

2 cucchiaini di cumino macinato

125 g di passata di pomodoro

Fagioli in scatola da 600 g/1 libbra 5 once

500 ml di brodo di pecora

½ cucchiaino di pepe nero macinato

sale per il gusto

metodo

- Scaldare l'olio in una pentola. Aggiungi cipolla e aglio. Friggere a fuoco basso per 2-3 minuti. Aggiungere il resto degli ingredienti. Stufare per 30 minuti.
- Disporre in una teglia e cuocere in forno a 200°C (400°F, gas 6) per 25 minuti. Servire caldo.

Kaleji a Pyaaza

(fegato con cipolla)

Per 4 persone

ingredienti

4 cucchiai di burro chiarificato

3 cipolle grandi, tritate finemente

2,5 cm di radice di zenzero, tritata finemente

10 spicchi d'aglio, tritati finemente

4 peperoncini verdi, tagliati a fette longitudinalmente

1 cucchiaino di curcuma

3 pomodori, tritati finemente

750 g di fegato di agnello, tagliato a cubetti

2 cucchiaini di garam masala

200 grammi di yogurt

sale per il gusto

250 ml di acqua

metodo

- Scaldare il burro chiarificato in una pentola. Aggiungere la cipolla, lo zenzero, l'aglio, il peperoncino verde e la curcuma e soffriggere a fuoco medio per 3-4 minuti. Aggiungere tutti gli ingredienti rimanenti tranne l'acqua. Mescolare bene. Friggere per 7-8 minuti.

- Aggiungere acqua. Cuocere a fuoco lento per 30 minuti, mescolando di tanto in tanto. Servire caldo.

Agnello con l'osso

Per 4 persone

ingredienti

30 g di foglie di menta tritate finemente

3 peperoncini verdi, tritati finemente

12 spicchi d'aglio, tritati finemente

succo di 1 limone

675 g di cosciotto d'agnello, tagliato in 4 pezzi

5 cucchiai di olio vegetale raffinato

sale per il gusto

500 ml di acqua

1 cipolla grande, tritata finemente

4 patate grandi, tagliate a cubetti

5 melanzane piccole, tagliate a metà

3 pomodori, tritati finemente

metodo

- Macinare le foglie di menta, i peperoncini verdi e l'aglio con abbastanza acqua per ottenere una pasta liscia. Aggiungere il succo di limone e mescolare bene.
- Marinare la carne in questa miscela per 30 minuti.
- Scaldare l'olio in una pentola. Aggiungere la carne marinata e friggere a fuoco basso per 8-10 minuti. Aggiungere sale e acqua e cuocere per 30 minuti.
- Aggiungi tutti gli ingredienti rimanenti. Cuocere per 15 minuti e servire caldo.

Manzo Vindaloo

(Cury con manzo di Goa)

Per 4 persone

ingredienti

3 cipolle grandi, tritate finemente

Radice di zenzero di 5 cm

10 spicchi d'aglio

1 cucchiaio di semi di cumino

½ cucchiaio di coriandolo macinato

2 cucchiaini di peperoncino

½ cucchiaino di semi di fieno greco

½ cucchiaino di semi di senape

60 ml di aceto di malto

sale per il gusto

675 g di manzo disossato, tagliato a pezzi di 2,5 cm

3 cucchiai di olio vegetale raffinato

1 litro/1¾ pinte di acqua

metodo

- Macinare tutti gli ingredienti tranne la carne, l'olio e l'acqua fino a ottenere una pasta densa. Marinare la carne con questa pasta per 2 ore.
- Scaldare l'olio in una pentola. Aggiungere la carne marinata e friggere a fuoco basso per 7-8 minuti. Aggiungere acqua. Cuocere a fuoco lento per 40 minuti, mescolando di tanto in tanto. Servire caldo.

manzo al curry

Per 4 persone

ingredienti

4 cucchiai di olio vegetale raffinato

3 cipolle grandi, grattugiate

1 cucchiaio e mezzo di cumino macinato

1 cucchiaino di curcuma

1 cucchiaino di peperoncino in polvere

½ cucchiaio di pepe nero macinato

4 pomodori medi, purea

675 g di carne di manzo magra tagliata a pezzi di 2,5 cm

sale per il gusto

1 cucchiaino e ½ di foglie essiccate di fieno greco

250 ml di panna liquida

metodo

- Scaldare l'olio in una pentola. Aggiungere la cipolla e soffriggere a fuoco medio fino a doratura.
- Aggiungere gli altri ingredienti tranne le foglie di fieno greco e la panna.
- Mescolare bene e cuocere per 40 minuti. Aggiungere le foglie di fieno greco e la panna. Cuocere per 5 minuti e servire caldo.

Agnello Di Zucca

Per 4 persone

ingredienti

750 g di agnello tritato

200 grammi di yogurt

sale per il gusto

2 cipolle grandi

Radice di zenzero da 1 pollice

7 spicchi d'aglio

5 cucchiai di burro chiarificato

un cucchiaino di curcuma

1 cucchiaino di garam masala

2 foglie di alloro

750 ml/1¼ litro d'acqua

400 g di zucca, cotta e frullata

metodo

- Marinare l'agnello nello yogurt e sale per 1 ora.
- Macinare la cipolla, lo zenzero e l'aglio con abbastanza acqua fino ad ottenere una pasta densa. Scaldare il burro chiarificato in una pentola. Aggiungere la pasta di curcuma e friggere per 3-4 minuti.
- Aggiungi garam masala, foglie di alloro e agnello. Friggere per 10 minuti.
- Aggiungere acqua e zucca. Cuocere per 40 minuti e servire caldo.

Gusztab

(Pecore del Kashmir)

Per 4 persone

ingredienti

675 g di agnello disossato

6 baccelli di cardamomo nero

sale per il gusto

4 cucchiai di burro chiarificato

4 cipolle grandi, tagliate ad anelli

Yogurt 600 g/1 libbra 5 once

1 cucchiaino di semi di finocchio macinati

1 cucchiaio di cannella in polvere

1 cucchiaio di chiodi di garofano macinati

1 cucchiaio di foglie di menta tritate

metodo

- Frullare l'agnello con cardamomo e sale fino a renderlo morbido. Dividetelo in 12 palline e tenete da parte.
- Scaldare il burro chiarificato in una pentola. Friggere la cipolla a fuoco basso finché non diventa dorata. Aggiungere lo yogurt e cuocere a fuoco lento per 8-10 minuti, mescolando continuamente.
- Aggiungete le polpette e tutti gli altri ingredienti tranne le foglie di menta. Stufare per 40 minuti. Servire decorato con foglioline di menta.

Pecora con verdure miste ed erbe aromatiche

Per 4 persone

ingredienti

5 cucchiai di olio vegetale raffinato

3 cipolle grandi, tritate finemente

750 g di agnello, tagliato a cubetti

50 g di foglie di amaranto*, tritato

100 g di foglie di spinaci, tritate finemente

50 g di foglie di fieno greco tritate

50 g di foglie di aneto tritate finemente

50 g di foglie di coriandolo tritate

1 cucchiaino di pasta di zenzero

1 cucchiaino di pasta d'aglio

3 peperoncini verdi, tritati finemente

1 cucchiaino di curcuma

2 cucchiaini di coriandolo macinato

1 cucchiaino di cumino macinato

sale per il gusto

1 litro/1¾ pinte di acqua

metodo

- Scaldare l'olio in una pentola. Friggere la cipolla a fuoco medio finché non diventa dorata. Aggiungere gli altri ingredienti tranne l'acqua. Rosolare per 12 minuti.
- Aggiungere acqua. Cuocere per 40 minuti e servire caldo.

agnello al limone

Per 4 persone

ingredienti

750 g di agnello tagliato a pezzi di 2,5 cm

2 pomodori, tritati finemente

4 peperoncini verdi, tritati finemente

1 cucchiaino di pasta di zenzero

1 cucchiaino di pasta d'aglio

2 cucchiaini di garam masala

Yogurt 125 g/4½ once

500 ml di acqua

sale per il gusto

1 cucchiaio di olio vegetale raffinato

10 scalogni

3 cucchiai di succo di limone

metodo

- Mescolare l'agnello con tutti gli ingredienti rimasti tranne l'olio, lo scalogno e il succo di limone. Cuocere in una pentola a fuoco medio per 45 minuti. Mettilo da parte.

- Scaldare l'olio in una pentola. Fate soffriggere lo scalogno a fuoco basso per 5 minuti.
- Mescolare con curry di agnello e cospargere con succo di limone. Servire caldo.

Pasanda di agnello alle mandorle

(Pezzi di agnello alle mandorle in salsa di yogurt)

Per 4 persone

ingredienti

120 ml di olio vegetale raffinato

4 cipolle grandi, tritate finemente

750 g di agnello disossato, tagliato a pezzi di 5 cm

3 pomodori, tritati finemente

1 cucchiaino di pasta di zenzero

1 cucchiaino di pasta d'aglio

2 cucchiaini di cumino macinato

1 cucchiaino e ½ di garam masala

sale per il gusto

200 g di yogurt greco

750 ml/1¼ litro d'acqua

25 mandorle tritate grossolanamente

metodo

- Scaldare l'olio in una pentola. Aggiungere la cipolla e soffriggere a fuoco basso per 6 minuti. Aggiungere l'agnello e friggere per 8-10 minuti. Aggiungere gli altri ingredienti tranne lo yogurt, l'acqua e le mandorle. Friggere per 5-6 minuti.
- Aggiungere lo yogurt, l'acqua e metà delle mandorle. Cuocere a fuoco lento per 40 minuti, mescolando spesso. Servire cosparso delle mandorle rimaste.

Gamberetti Bharta

(Gamberetti cotti nella classica salsa indiana)

Per 4 persone

ingredienti

100 ml di olio di senape

1 cucchiaino di semi di cumino

1 cipolla grande, grattugiata

1 cucchiaino di curcuma

1 cucchiaino di garam masala

2 cucchiaini di pasta di zenzero

2 cucchiaini di pasta d'aglio

2 pomodori, tritati finemente

3 peperoncini verdi, tagliati a fette longitudinalmente

750 g di gamberi 10 oz, sgusciati e puliti

250 ml di acqua

sale per il gusto

metodo

- Scaldare l'olio in una pentola. Aggiungi il cumino. Falla sputare per 15 secondi. Aggiungere la cipolla e soffriggere a fuoco medio fino a doratura.

- Aggiungi tutti gli ingredienti rimanenti. Cuocere per 15 minuti e servire caldo.

Pesce e verdure piccanti

Per 4 persone

ingredienti

2 cucchiai di olio di senape

500 g di lingua di limone, sbucciata e sfilettata

cucchiaino di semi di senape

cucchiaino di semi di finocchio

cucchiaino di semi di fieno greco

un cucchiaino di cumino

2 foglie di alloro

½ cucchiaino di curcuma

2 peperoncini rossi secchi, tagliati a metà

1 cipolla grande, affettata sottilmente

200 g di mix di verdure surgelate

360 ml/12 once di acqua

sale per il gusto

metodo

- Scaldare l'olio in una pentola. Aggiungere il pesce e friggerlo a fuoco medio fino a doratura. Torna indietro e ripeti il processo. Filtrare e conservare.

- Allo stesso olio aggiungere senape, finocchio, semi di fieno greco e cumino, alloro, curcuma e peperoncino. Friggere per 30 secondi.

- Aggiungi la cipolla. Friggere a fuoco medio per 1 minuto. Aggiungere gli ingredienti rimanenti e il pesce fritto. Cuocere per 30 minuti e servire caldo.

Cotoletta di sgombro

Per 4 persone

ingredienti

4 sgombri grandi, puliti

sale per il gusto

½ cucchiaino di curcuma

2 cucchiaini di aceto di malto

250 ml di acqua

1 cucchiaio di olio vegetale raffinato, più un extra per friggere poco profonde

2 cipolle grandi, tritate finemente

1 cucchiaino di pasta di zenzero

1 cucchiaino di pasta d'aglio

1 pomodoro, tritato finemente

1 cucchiaino di pepe nero macinato

1 uovo sbattuto

10 g di foglie di coriandolo, tritate

3 fette di pane ammollate e strizzate

60 g di farina di riso

metodo

- Cuocere lo sgombro in una pentola con sale, curcuma, aceto e acqua a fuoco medio per 15 minuti. ossa e carne. Mettilo da parte.

- Scaldare 1 cucchiaio di olio in una pentola. Friggere la cipolla a fuoco basso finché non diventa dorata.

- Aggiungere la pasta di zenzero, la pasta di aglio e il pomodoro. Friggere per 4-5 minuti.

- Aggiungere pepe e sale e togliere dal fuoco. Mescolare con purea di pesce, uova, foglie di coriandolo e pane. Impastare e formare 8 cotolette.

- Scaldare l'olio in una padella. Passare la cotoletta nella farina di riso e friggerla per 4-5 minuti a fuoco medio. Torna indietro e ripeti il processo. Servire caldo.

Granchio Tandoori

Per 4 persone

ingredienti

2 cucchiaini di pasta di zenzero

2 cucchiaini di pasta d'aglio

2 cucchiaini di garam masala

1 cucchiaio di succo di limone

Yogurt greco 125g/4½oz

sale per il gusto

4 granchi, puliti

1 cucchiaio di olio vegetale raffinato

metodo

- Mescolare tutti gli ingredienti tranne i gamberi e l'olio. Marinare i gamberi in questa miscela per 3-4 ore.
- Spennellare i gamberi marinati con olio. Grigliare per 10-15 minuti. Servire caldo.

Pesce ripieno

Per 4 persone

ingredienti

2 cucchiai di olio vegetale raffinato, più un extra per friggere poco profonde

1 cipolla grande, tritata finemente

1 pomodoro grande, tritato finemente

1 cucchiaino di pasta di zenzero

1 cucchiaino di pasta d'aglio

1 cucchiaino di coriandolo macinato

1 cucchiaino di cumino macinato

sale per il gusto

1 cucchiaino di curcuma

2 cucchiai di aceto di malto

1 kg di salmone, tagliato nella pancia

25 g/pezzo di pangrattato

metodo

- Scaldare 2 cucchiai di olio in una pentola. Aggiungere la cipolla e soffriggere a fuoco basso fino a doratura. Aggiungete gli altri ingredienti tranne l'aceto, il pesce e il pangrattato. Friggere per 5 minuti.
- Aggiungi aceto. Stufare per 5 minuti. Farcire il pesce con il composto.
- Scaldare l'olio rimanente in una padella. Passare il pesce nel pangrattato e friggerlo a fuoco medio fino a doratura. Torna indietro e ripeti il processo. Servire caldo.

Curry di cavolfiore e gamberetti

Per 4 persone

ingredienti

10 cucchiai di olio vegetale raffinato

1 cipolla grande, tritata finemente

un cucchiaino di curcuma

250 g di gamberetti sgusciati e puliti

200 g di cimette di cavolfiore

sale per il gusto

Per la miscela di spezie:

1 cucchiaio di semi di coriandolo

1 cucchiaio di garam masala

5 peperoni rossi

Radice di zenzero da 1 pollice

8 spicchi d'aglio

60 g di cocco fresco

metodo

- Scaldare metà dell'olio in una padella. Aggiungere gli ingredienti della miscela di spezie e friggere a fuoco medio per 5 minuti. Macinare fino a ottenere una pasta densa. Mettilo da parte.
- Scaldare l'olio rimanente in una pentola. Friggere la cipolla a fuoco medio finché non diventa traslucida. Aggiungere tutti gli ingredienti rimanenti e la pasta di spezie.
- Cuocere a fuoco lento per 15-20 minuti, mescolando di tanto in tanto. Servire caldo.

Cozze fritte

Per 4 persone

ingredienti

500 g di cozze pulite

6 cucchiai di olio vegetale raffinato

2 cipolle grandi, tritate finemente

1 cucchiaino di curcuma

1 cucchiaino di garam masala

2 cucchiaini di pasta di zenzero

2 cucchiaini di pasta d'aglio

10 g di foglie di coriandolo, tritate

6 Kokum*

sale per il gusto

250 ml di acqua

metodo

- Cuocere le cozze a vapore per 25 minuti. Mettilo da parte.
- Scaldare l'olio in una pentola. Friggere la cipolla a fuoco basso finché non diventa dorata.
- Aggiungere gli altri ingredienti tranne l'acqua. Friggere per 5-6 minuti.
- Aggiungere le cozze al vapore e l'acqua. Coprite con un coperchio e lasciate cuocere per 10 minuti. Servire caldo.

Gamberetto fritto

Per 4 persone

ingredienti

250 g di gamberetti sgusciati

250 g di mezzana*

2 peperoncini verdi, tritati finemente

1 cucchiaino di peperoncino in polvere

1 cucchiaino di curcuma

1 cucchiaino di coriandolo macinato

1 cucchiaino di cumino macinato

½ cucchiaino di amchoor*

1 cipolla piccola, grattugiata

un cucchiaino di lievito

sale per il gusto

Olio vegetale raffinato per friggere

metodo

- Mescolare tutti gli ingredienti tranne l'olio con abbastanza acqua per formare una pasta densa.
- Scaldare l'olio in una padella. Aggiungere qualche cucchiaio di pasta e friggere a fuoco medio su tutti i lati fino a doratura.
- Ripetere l'operazione con il resto dell'impasto. Servire caldo.

Sgombro in salsa di pomodoro

Per 4 persone

ingredienti

1 cucchiaio di olio vegetale raffinato

2 cipolle grandi, tritate finemente

2 pomodori, tritati finemente

1 cucchiaio di pasta di zenzero

1 cucchiaio di pasta d'aglio

1 cucchiaino di peperoncino in polvere

½ cucchiaino di curcuma

8 kokuma secchi*

2 peperoncini verdi, affettati

sale per il gusto

4 sgombri grandi, sbucciati e sfilettati

120 ml di acqua

metodo

- Scaldare l'olio in una pentola. Friggere la cipolla a fuoco medio finché non diventa dorata. Aggiungere tutti gli ingredienti rimanenti tranne il pesce e l'acqua. Mescolare bene e friggere per 5-6 minuti.
- Aggiungi pesce e acqua. Mescolare bene. Cuocere per 15 minuti e servire caldo.

Konju Ullaruathu

(Scampi al Masala Rosso)

Per 4 persone

ingredienti

120 ml di olio vegetale raffinato

1 cipolla grande, tritata finemente

Radice di zenzero, lunga 5 cm, tagliata a fettine sottili

12 spicchi d'aglio, tagliati a fettine sottili

2 cucchiai di peperoncino verde, tritato finemente

8 foglie di curry

2 pomodori, tritati finemente

1 cucchiaino di curcuma

2 cucchiaini di coriandolo macinato

1 cucchiaino di finocchio macinato

600 g di scampi, pelati e puliti

3 cucchiaini di peperoncino in polvere

sale per il gusto

1 cucchiaino di garam masala

metodo

- Scaldare l'olio in una pentola. Aggiungere la cipolla, lo zenzero, l'aglio, i peperoncini verdi e le foglie di curry e friggere a fuoco medio per 1-2 minuti.
- Aggiungi tutti gli ingredienti rimanenti tranne il garam masala. Mescolare bene e cuocere a fuoco basso per 15-20 minuti.
- Cospargere con garam masala e servire caldo.

Manga al curry Chemeen

(Gamberetti al curry con mango acerbo)

Per 4 persone

ingredienti

200 g di cocco fresco, grattugiato

1 cucchiaio di peperoncino in polvere

2 cipolle grandi, tagliate a fettine sottili

3 cucchiai di olio vegetale raffinato

2 peperoncini verdi, tritati

Radice di zenzero di 2,5 cm, tagliata a fettine sottili

sale per il gusto

1 cucchiaino di curcuma

1 piccolo mango acerbo, tagliato a dadini

120 ml di acqua

750 g di gamberetti reali, sgusciati e puliti

1 cucchiaino di semi di senape

10 foglie di curry

2 peperoni rossi interi

4-5 scalogni, affettati

metodo

- Macina il cocco, il peperoncino in polvere e metà della cipolla. Mettilo da parte.
- Scaldare metà dell'olio in una pentola. Soffriggere la cipolla rimanente con i peperoncini verdi, lo zenzero, il sale e la curcuma a fuoco basso per 3-4 minuti.
- Aggiungere la pasta di cocco, il mango acerbo e l'acqua. Stufare per 8 minuti.
- Aggiungi i gamberetti. Cuocere per 10-12 minuti e mettere da parte.
- Riscaldare l'olio rimanente. Aggiungere i semi di senape, le foglie di curry, i peperoncini e lo scalogno. Friggere per un minuto. Aggiungete questo composto ai gamberi e servite caldo.

Patatine fritte Machchi facili

(Pesce fritto con spezie)

Per 4 persone

ingredienti

8 filetti di pesce bianco sodi, ad esempio B. Cod

un cucchiaino di curcuma

½ cucchiaino di peperoncino in polvere

1 cucchiaino di succo di limone

250 ml di olio vegetale raffinato

2 cucchiai di farina bianca

metodo

- Marinare il pesce in curcuma, peperoncino in polvere e succo di limone per 1 ora.
- Scaldare l'olio in una padella. Cospargere il pesce con la farina e friggere a fuoco medio per 3-4 minuti. Capovolgi e friggi per 2-3 minuti. Servire caldo.

Creatore di Kalia

(pesce in salsa forte)

Per 4 persone

ingredienti

1 cucchiaino di semi di coriandolo

2 cucchiaini di semi di cumino

1 cucchiaino di peperoncino in polvere

Radice di zenzero di 2,5 cm, sbucciata

250 ml di acqua

120 ml di olio vegetale raffinato

500 g di filetti di trota senza pelle

3 foglie di alloro

1 cipolla grande, tritata finemente

4 spicchi d'aglio, tritati finemente

4 peperoncini verdi, affettati

sale per il gusto

1 cucchiaino di curcuma

2 cucchiai di yogurt

metodo

- Macina i semi di coriandolo, i semi di cumino, il peperoncino in polvere e lo zenzero con abbastanza acqua per ottenere una pasta densa. Mettilo da parte.
- Scaldare l'olio in una pentola. Aggiungere il pesce e friggere a fuoco medio per 3-4 minuti. Torna indietro e ripeti il processo. Filtrare e conservare.
- Aggiungere allo stesso olio le foglie di alloro, la cipolla, l'aglio e il peperoncino verde. Friggere per 2 minuti. Aggiungere gli ingredienti rimanenti, il pesce fritto e l'impasto. Mescolare bene e cuocere a fuoco lento per 15 minuti. Servire caldo.

Pesce fritto nell'uovo

Per 4 persone

ingredienti

500 g di pesce San Pietro, senza pelle e sfilettati

succo di 1 limone

sale per il gusto

2 uova

1 cucchiaio di farina bianca

½ cucchiaino di pepe nero macinato

1 cucchiaino di peperoncino in polvere

250 ml di olio vegetale raffinato

100 g di pangrattato

metodo

- Marinare il pesce con succo di limone e sale per 4 ore.
- Sbattere le uova con farina, pepe e peperoncino in polvere.
- Scaldare l'olio in una padella. Immergere il pesce marinato nel composto di uova, passarlo nel pangrattato e friggerlo a fuoco basso fino a doratura. Servire caldo.

Lau Chingri

(gamberetti con zucca)

Per 4 persone

ingredienti

250 g di gamberetti sgusciati

500 g di zucca, tagliata a cubetti

2 cucchiai di olio di senape

un cucchiaino di cumino

1 foglia di alloro

½ cucchiaino di curcuma

1 cucchiaio di coriandolo macinato

un cucchiaino di zucchero

1 cucchiaio di latte

sale per il gusto

metodo

- Cuocere a vapore i gamberi e la zucca per 15-20 minuti. Mettilo da parte.
- Scaldare l'olio in una pentola. Aggiungi cumino e alloro. Friggere per 15 secondi. Aggiungi la curcuma e il coriandolo macinato. Friggere a fuoco medio per 2-3 minuti. Aggiungere lo zucchero, il latte, il sale e i gamberetti e la zucca cotti al vapore. Stufare per 10 minuti. Servire caldo.

pesce al pomodoro

Per 4 persone

ingredienti

2 cucchiai di farina bianca

1 cucchiaino di pepe nero macinato

500 g di lingua di limone, sbucciata e sfilettata

3 cucchiai di burro

2 foglie di alloro

1 cipolla piccola, grattugiata

6 spicchi d'aglio, tritati finemente

2 cucchiaini di succo di limone

6 cucchiai di brodo di pesce

150 grammi di passata di pomodoro

sale per il gusto

metodo

- Mescolare farina e pepe. Incorporate il pesce al composto.
- Scaldare il burro in una padella. Friggere il pesce a fuoco medio fino a doratura. Filtrare e conservare.
- Nello stesso burro fate soffriggere le foglie di alloro, la cipolla e l'aglio a fuoco medio per 2-3 minuti. Aggiungere il pesce fritto e tutti gli altri ingredienti. Mescolare bene e cuocere per 20 minuti. Servire caldo.

Chingri Machher Kalia

(Ricco curry con gamberi)

Per 4 persone

ingredienti

24 gamberi grandi, sgusciati e puliti

½ cucchiaino di curcuma

sale per il gusto

250 ml di acqua

3 cucchiai di olio di senape

2 cipolle grandi, grattugiate finemente

6 peperoncini rossi secchi, macinati

2 cucchiai di foglie di coriandolo, tritate finemente

metodo

- Cuocere i gamberi con curcuma, sale e acqua in una pentola a fuoco medio per 20-25 minuti. Mettilo da parte. Non buttare via l'acqua.
- Scaldare l'olio in una pentola. Aggiungere la cipolla e il peperoncino e soffriggere a fuoco medio per 2-3 minuti.
- Aggiungere i gamberi cotti e l'acqua riservata. Mescolare bene e cuocere a fuoco lento per 20-25 minuti. Decorare con foglie di coriandolo. Servire caldo.

Kebab di pesce tikka

Per 4 persone

ingredienti

1 cucchiaio di aceto di malto

1 cucchiaio di yogurt

1 cucchiaino di pasta di zenzero

1 cucchiaino di pasta d'aglio

2 peperoncini verdi, tritati finemente

1 cucchiaino di garam masala

1 cucchiaino di cumino macinato

1 cucchiaino di peperoncino in polvere

Un po' di colorante alimentare arancione

sale per il gusto

675 g di rana pescatrice senza pelle e sfilettata

metodo

- Mescolare tutti gli ingredienti tranne il pesce. Marinare il pesce in questa miscela per 3 ore.
- Disporre il pesce marinato sugli spiedini e grigliarlo per 20 minuti. Servire caldo.

Cotoletta Chingri Machher

(cotolette di gamberetti)

Per 4 persone

ingredienti

12 gamberetti sgusciati e puliti

sale per il gusto

500 ml di acqua

4 peperoncini verdi, tritati finemente

2 cucchiai di pasta d'aglio

50 g di foglie di coriandolo tritate

1 cucchiaino di cumino macinato

un pizzico di curcuma

Olio vegetale raffinato per friggere

1 uovo sbattuto

4 cucchiai di pangrattato

metodo

- Cuocere i gamberi con sale e acqua in una pentola a fuoco medio per 20 minuti. Scolatela e amalgamatela con tutti gli altri ingredienti tranne l'olio, l'uovo e il pangrattato.
- Dividete il composto in 8 porzioni, formate delle palline e appiattite le cotolette.
- Scaldare l'olio in una padella. Immergere le cotolette nell'uovo, passarle nel pangrattato e friggerle a fuoco medio fino a doratura. Servire caldo.

pesce bollito

Per 4 persone

ingredienti

500 g/1 lb 2 oz di filetti di lingua di limone o dentice, senza pelle

sale per il gusto

1 cucchiaino di pepe nero macinato

¼ di cucchiaino di cucchiaino di peperoncino rosso essiccato, tritato finemente

2 peperoni verdi grandi, tritati finemente

2 pomodori, a fette

1 cipolla grande, affettata

succo di 1 limone

3 peperoncini verdi, tagliati a fette longitudinalmente

10 spicchi d'aglio, tagliati a fettine sottili

1 cucchiaio di olio d'oliva

metodo

- Disporre i filetti di pesce in una pirofila, cospargerli di sale, pepe e peperoncino.
- Distribuire gli ingredienti rimanenti su questa miscela.

- Coprire la pirofila e cuocere in forno preriscaldato a 200°C (400°F, gas 6) per 15 minuti. Scoprire e cuocere per 10 minuti. Servire caldo.

Gamberetti con peperoni verdi

Per 4 persone

ingredienti

4 cucchiai di olio vegetale raffinato

2 cipolle grandi, tagliate a fettine sottili

Radice di zenzero, lunga 5 cm, tagliata a fettine sottili

12 spicchi d'aglio, tagliati a fettine sottili

4 peperoncini verdi, tagliati a fette longitudinalmente

½ cucchiaino di curcuma

2 pomodori, tritati finemente

500 g di gamberi, sgusciati e puliti

3 peperoni verdi privati dei semi e affettati

sale per il gusto

1 cucchiaio di foglie di coriandolo tritate

metodo

- Scaldare l'olio in una pentola. Aggiungere cipolla, zenzero, aglio e peperone verde. Friggere a fuoco basso per 1-2 minuti. Aggiungere gli altri ingredienti tranne le foglie di coriandolo. Mescolare bene e friggere per 15 minuti.
- Decorare con foglie di coriandolo. Servire caldo.

Creatore di Jhole

(pesce in salsa)

Per 4 persone

ingredienti

500 g di trota, senza pelle e sfilettata

1 cucchiaino di curcuma

sale per il gusto

4 cucchiai di olio di senape

3 peperoni rossi secchi

1 cucchiaino di garam masala

1 cipolla grande, grattugiata

2 cucchiaini di pasta di zenzero

1 cucchiaino di senape macinata

1 cucchiaino di coriandolo macinato

250 ml di acqua

1 cucchiaio di foglie di coriandolo tritate

metodo

- Marinare il pesce con curcuma e sale per 30 minuti.
- Scaldare l'olio in una padella. Friggere il pesce marinato a fuoco medio per 2-3 minuti. Torna indietro e ripeti il processo. Mettilo da parte.
- Nello stesso olio, friggere i peperoni e il garam masala a fuoco medio per 1 o 2 minuti. Aggiungere gli altri ingredienti tranne le foglie di coriandolo. Mescolare bene e cuocere a fuoco lento per 10 minuti. Aggiungere il pesce e mescolare bene.
- Stufare per 10 minuti. Cospargere con foglie di coriandolo e servire caldo.

Creatore di Paturi

(Pesce al vapore in foglie di banana)

Per 4 persone

ingredienti

5 cucchiai di semi di senape

5 peperoni verdi

1 cucchiaino di curcuma

1 cucchiaino di peperoncino in polvere

1 cucchiaio di olio di senape

½ cucchiaino di semi di finocchio

2 cucchiai di foglie di coriandolo, tritate finemente

½ cucchiaino di zucchero

sale per il gusto

Trota da 750 g/1 libbra e 10 once, senza pelle e filettata

Foglie di banano 20×15 cm, lavate

metodo

- Macina tutti gli ingredienti tranne il pesce e le foglie di banana fino ad ottenere una pasta liscia. Marinare il pesce con questa pasta per 30 minuti.
- Avvolgere il pesce in foglie di banana e cuocere a vapore per 20-25 minuti. Scartare con cura e servire caldo.

Chingri Machher Shorsher Jhole

(gamberetti al curry con senape)

Per 4 persone

ingredienti

6 peperoni rossi secchi

½ cucchiaino di curcuma

3 cucchiaini di semi di cumino

1 cucchiaio di semi di senape

12 spicchi d'aglio

2 cipolle grandi

sale per il gusto

24 gamberetti sgusciati e puliti

3 cucchiai di olio di senape

500 ml di acqua

metodo

- Macinare tutti gli ingredienti tranne i gamberetti, l'olio e l'acqua fino ad ottenere una pasta liscia. Marinare i gamberi in questa pasta per 1 ora.
- Scaldare l'olio in una pentola. Aggiungere i gamberetti e friggerli a fuoco medio per 4-5 minuti.
- Aggiungere acqua. Mescolare bene e cuocere per 20 minuti. Servire caldo.

Curry di gamberetti e patate

Per 4 persone

ingredienti

3 cucchiai di olio vegetale raffinato

2 cipolle grandi, tritate finemente

3 pomodori, tritati finemente

1 cucchiaino di pasta d'aglio

1 cucchiaino di peperoncino in polvere

½ cucchiaino di curcuma

1 cucchiaino di garam masala

250 g di gamberetti sgusciati e puliti

2 patate grandi, tagliate a cubetti

250 ml di acqua calda

1 cucchiaino di succo di limone

10 g di foglie di coriandolo, tritate

sale per il gusto

metodo

- Scaldare l'olio in una pentola. Friggere la cipolla a fuoco basso finché non diventa dorata.
- Aggiungere i pomodori, la pasta d'aglio, il peperoncino in polvere, la curcuma e il garam masala. Friggere per 4-5 minuti. Aggiungere il resto degli ingredienti. Mescolare bene.
- Cuocere per 20 minuti e servire caldo.

talpa di gamberetti

(gamberetti cotti al curry semplice)

Per 4 persone

ingredienti

3 cucchiai di olio vegetale raffinato

2 cipolle grandi, tritate finemente

Radice di zenzero da 1 pollice, tagliata a julienne

8 spicchi d'aglio, tritati

4 peperoncini verdi, tagliati a fette longitudinalmente

375 g di gamberi, sgusciati e puliti

3 pomodori, tritati finemente

1 cucchiaino di curcuma

½ cucchiaino di peperoncino in polvere

sale per il gusto

750 ml/1¼ litro di latte di cocco

metodo

- Scaldare l'olio in una pentola. Aggiungere la cipolla, lo zenzero, l'aglio e i peperoncini verdi e friggere a fuoco medio per 1-2 minuti.
- Aggiungere gamberi, pomodori, curcuma, peperoncino in polvere e sale. Friggere per 5-6 minuti. Aggiungi il latte di cocco. Mescolare bene e cuocere a fuoco lento per 10-12 minuti. Servire caldo.

Pesce Koliwada

(frittura di pesce piccante)

Per 4 persone

ingredienti

675 g di rana pescatrice senza pelle e sfilettata

sale per il gusto

1 cucchiaino di succo di limone

250 g di mezzana*

3 cucchiai di farina

1 cucchiaino di curcuma

2 cucchiaini di chaat masala*

1 cucchiaino di garam masala

2 cucchiai di foglie di coriandolo tritate

1 cucchiaio di aceto di malto

1 cucchiaino di peperoncino in polvere

4 cucchiai di acqua

Olio vegetale raffinato per friggere

metodo

- Marinare il pesce con sale e succo di limone per 2 ore.
- Mescolare tutti gli ingredienti rimanenti tranne l'olio fino ad ottenere una pasta densa.
- Scaldare l'olio in una padella. Distribuire generosamente la pastella sul pesce e friggerlo a fuoco medio fino a doratura. Filtrare e servire caldo.

Involtini di pesce e patate

Per 4 persone

ingredienti

675 g di lingue di limone, sbucciate e sfilettate

sale per il gusto

un cucchiaino di curcuma

1 patata grande, cotta

2 cucchiaini di succo di limone

2 cucchiai di coriandolo, tritato finemente

2 cipolle piccole, tritate finemente

1 cucchiaino di garam masala

2-3 peperoncini verdi piccoli

½ cucchiaino di peperoncino in polvere

Olio vegetale raffinato per friggere

2 uova, sbattute

6-7 cucchiai di pangrattato

metodo

- Cuocere a vapore il pesce per 15 minuti.
- Filtrare e mescolare con il resto degli ingredienti tranne l'olio, le uova e il pangrattato. Impastare e dividere in 8 rotoli spessi 6 cm.
- Scaldare l'olio in una padella. Immergere gli involtini nell'uovo, passarli nel pangrattato e friggerli a fuoco medio fino a doratura. Filtrare e servire caldo.

Masala di gamberetti

Per 4 persone

ingredienti

4 cucchiai di olio vegetale raffinato

3 cipolle, 1 affettata e 2 tritate

2 cucchiaini di semi di coriandolo

3 chiodi di garofano

1 pollice di cannella

5 grani di pepe

100 g di cocco fresco, grattugiato

6 peperoni rossi secchi

500 g di gamberi, sgusciati e puliti

½ cucchiaino di curcuma

250 ml di acqua

2 cucchiaini di pasta di tamarindo

sale per il gusto

metodo

- Scaldare 1 cucchiaio di olio in una pentola. Friggere la cipolla tritata, i semi di coriandolo, i chiodi di garofano, la cannella, il pepe in grani, il cocco e i peperoncini rossi a fuoco medio per 2-3 minuti. Macinare fino a ottenere una pasta liscia. Mettilo da parte.
- Scaldare l'olio rimanente in una pentola. Aggiungere la cipolla affettata e soffriggere a fuoco medio fino a doratura. Aggiungere i gamberi, la curcuma e l'acqua. Mescolare bene e cuocere a fuoco lento per 5 minuti.
- Aggiungere la pasta macinata, la pasta di tamarindo e il sale. Friggere per 15 minuti. Servire caldo.

pesce all'aglio

Per 4 persone

ingredienti

500 g di pesce spada, sgusciato e sfilettato

sale per il gusto

1 cucchiaino di curcuma

1 cucchiaio di olio vegetale raffinato

2 cipolle grandi, grattugiate finemente

2 cucchiaini di pasta d'aglio

½ cucchiaino di pasta di zenzero

1 cucchiaino di coriandolo macinato

125 g di passata di pomodoro

metodo

- Marinare il pesce con sale e curcuma per 30 minuti.
- Scaldare l'olio in una pentola. Aggiungere la cipolla, la pasta d'aglio, la pasta di zenzero e il coriandolo macinato. Friggere a fuoco medio per 2 minuti.
- Aggiungere la passata di pomodoro e il pesce. Stufare per 15-20 minuti. Servire caldo.

riso con patate

Per 4 persone

ingredienti

150 g di burro chiarificato più un po' per friggere

1 cipolla grande

Radice di zenzero da 1 pollice

6 spicchi d'aglio

125 g di yogurt montato

4 cucchiai di latte

2 baccelli di cardamomo verde

2 chiodi di garofano

1 cm/½ cannella

250 g di riso basmati, ammollato per 30 minuti e scolato

sale per il gusto

1 litro/1¾ pinte di acqua

15 anacardi, fritti

Per gli gnocchi:

3 patate grandi, cotte e schiacciate

Mezzana da 125 g*

½ cucchiaino di peperoncino in polvere

½ cucchiaino di curcuma

1 cucchiaino di polvere di garam masala

1 cipolla grande, grattugiata

metodo

- Mescolare insieme tutti gli ingredienti delle polpette. Dividete il composto in piccole palline.
- Scaldare il burro chiarificato in una padella per friggere. Aggiungere le polpette e friggerle a fuoco medio fino a doratura. Filtrare e mettere da parte.
- Macinare la cipolla, lo zenzero e l'aglio fino a ottenere una pasta.
- Scaldare 60 g di burro chiarificato in una pentola. Aggiungere l'impasto e friggere a fuoco medio fino a renderlo trasparente.
- Aggiungere lo yogurt, il latte e le polpette di patate. Lasciare cuocere il composto per 10-12 minuti. Mettilo da parte.
- Scaldare il burro chiarificato rimanente in un'altra padella. Aggiungere cardamomo, chiodi di garofano, cannella, riso, sale e acqua. Coprite con un coperchio e lasciate cuocere per 15-20 minuti.
- Disporre strati alternati di riso e patate in una pirofila da forno. Terminare con uno strato di riso. Guarnire con anacardi.
- Cuocere il riso e le patate in forno a 200°C (400°F, gas 6) per 7-8 minuti. Servire caldo.

Pulao con verdure

Per 4 persone

ingredienti

5 cucchiai di olio vegetale raffinato

2 chiodi di garofano

2 baccelli di cardamomo verde

4 grani di pepe nero

1 pollice di cannella

1 cipolla grande, tritata finemente

1 cucchiaino di pasta di zenzero

1 cucchiaino di pasta d'aglio

2 peperoncini verdi, tritati finemente

1 cucchiaino di garam masala

150 g di verdure miste (fagiolini, patate, carote, ecc.)

500 g di riso a chicco lungo, ammollato per 30 minuti e scolato

sale per il gusto

600 ml/1 litro di acqua calda

metodo

- Scaldare l'olio in una pentola. Aggiungere chiodi di garofano, cardamomo, pepe in grani e cannella. Falla sputare per 15 secondi.
- Aggiungere la cipolla e soffriggere a fuoco medio per 2-3 minuti, mescolando di tanto in tanto.
- Aggiungere la pasta di zenzero, la pasta di aglio, i peperoncini verdi e il garam masala. Mescolare bene. Friggere questa miscela per un minuto.
- Aggiungi verdure e riso. Friggere il pulao a fuoco medio per 4 minuti.
- Aggiungi sale e acqua. Mescolare bene. Cuocere per un minuto a fuoco medio.
- Coprite con un coperchio e lasciate cuocere per 10-12 minuti. Servire caldo.

Kashche Gosht ki Biryani

(Agnello Biryani)

Per 4-6 persone

ingredienti

1 kg di agnello tagliato a pezzi di 5 cm

1 litro/1¾ pinte di acqua

sale per il gusto

6 chiodi di garofano

5 cm di cannella

5 baccelli di cardamomo verde

4 foglie di alloro

6 grani di pepe nero

750 g di riso basmati, ammollato per 30 minuti e scolato

150 grammi di burro chiarificato

Sciogliere un pizzico di zafferano in 1 cucchiaio di latte

5 cipolle grandi, affettate e fritte

Per il cetriolo:

200 grammi di yogurt

1 cucchiaino di curcuma

1 cucchiaino di peperoncino in polvere

1 cucchiaino di pasta di zenzero

1 cucchiaino di pasta d'aglio

1 cucchiaino di sale

25 g/foglie piccole di coriandolo, tritate finemente

25 g/foglie di menta, tritate finemente

metodo

- Mescolare tutti gli ingredienti della marinata e marinare i pezzi di agnello in questa miscela per 4 ore.
- In una pentola, mescolare l'acqua con sale, chiodi di garofano, cannella, cardamomo, alloro e pepe in grani. Cuocere a fuoco medio per 5-6 minuti.
- Aggiungere il riso sgocciolato. Cuocere per 5-7 minuti. Scolare l'acqua in eccesso e mettere da parte il riso.
- Versare il burro chiarificato in una grande ciotola resistente al calore e adagiarvi sopra la carne marinata. Metti il riso sopra la carne.
- Cospargere lo strato superiore con latte allo zafferano e un po' di burro chiarificato.
- Coprite la padella con un foglio di alluminio e coprite con un coperchio.
- Stufare per 40 minuti.
- Togliere dal forno e mettere da parte per altri 30 minuti.

- Guarnire il biryani con le cipolle. Servire a temperatura ambiente.

Achari Gosht ki Biryani

(biryani di montone marinato)

Per 4-6 persone

ingredienti

- 4 cipolle medie, tritate finemente
- Yogurt 400 g/14 once
- 2 cucchiaini di pasta di zenzero
- 2 cucchiaini di pasta d'aglio
- 1 kg di agnello tagliato a pezzi di 5 cm
- 2 cucchiaini di semi di cumino
- 2 cucchiaini di semi di fieno greco
- 1 cucchiaino di semi di cipolla
- 2 cucchiaini di semi di senape
- 10 peperoncini verdi
- 6 cucchiai e mezzo di burro chiarificato
- 50 g di foglie di menta tritate finemente
- 100 g di foglie di coriandolo tritate finemente
- 2 pomodori tagliati in quarti
- 750 g di riso basmati, ammollato per 30 minuti e scolato
- sale per il gusto

3 chiodi di garofano

2 foglie di alloro

5 cm di cannella

4 grani di pepe nero

Sciogliere un grosso pizzico di zafferano in 1 cucchiaio di latte

metodo

- Mescolare cipolla, yogurt, pasta di zenzero e pasta di aglio. Marinare l'agnello in questa miscela per 30 minuti.
- Cumino arrosto secco, fieno greco, cipolla e semi di senape insieme. Schiacciateli in una massa grossolana.
- Dividete i peperoni verdi e riempiteli con il composto tritato. Mettilo da parte.
- Scaldare 6 cucchiai di burro chiarificato in una padella. Aggiungi l'agnello. Friggere l'agnello a fuoco medio per 20 minuti. Assicurati che anche tutti i lati dei pezzi di agnello siano dorati.
- Aggiungere i peperoni verdi ripieni. Proseguire la cottura per altri 10 minuti.
- Aggiungere foglie di menta, foglie di coriandolo e pomodori. Mescolare bene per 5 minuti. Mettilo da parte.
- Mescolare il riso con sale, chiodi di garofano, alloro, cannella e pepe in grani. Portare la miscela a ebollizione. Mettilo da parte.
- Versare il burro chiarificato rimanente in una pirofila da forno.

- Metti i pezzi di montone fritti sopra il burro chiarificato. Disporre il riso cotto in un unico strato sopra l'agnello.
- Versare il latte allo zafferano sul riso.
- Avvolgere la forma con un foglio di alluminio e coprire con un coperchio. Cuocere i biryani in forno preriscaldato a 200°C (400°F, livello gas 6) per 8-10 minuti.
- Servire caldo.

www.ingramcontent.com/pod-product-compliance
Lightning Source LLC
Chambersburg PA
CBHW071857110526
44591CB00011B/1447